Britta
Steinwachs

Zwischen Pommesbude und Muskelbank

Die mediale Inszenierung
der „Unterschicht"

edition assemblage

Kritische Wissenschaften | Klassismus, Bd. 2

Gefördert von der Stiftung Menschenwürde und Arbeitswelt in Berlin.

Britta Steinwachs
Zwischen Pommesbude und Muskelbank
Die mediale Inszenierung der „Unterschicht"

Reihe: Kritische Wissenschaften – Klassismus, Band 2

1. Auflage 2015
ISBN 978-3-942885-91-1
© edition assemblage

Postfach 27 46
D-48014 Münster

info@edition-assemblage.de | www.edition-assemblage.de
Mitglied der Kooperation book:fair

Umschlag: Markus Weiß (www.typogo.de)
Umschlagsfoto: photocase.com © complize
Satz: Jens Weisbrod
Druck: CPI Clausen & Bosse, Leck
Printed in Germany 2015

Inhalt

1. Einleitung

»Du sollst hier keine Autos bauen, du sollst se waschen.«

Mit täglich wechselnden Episoden kommt die Sendung *Familien in Brennpunkt (RTL)* auf insgesamt 18 Stunden Sendezeit pro Woche, in denen fiktionale Geschichten über den deutschen Familienalltag massenwirksam Verbreitung finden. Dabei wandert der mediale Blick von der Studiobühne mit den sogenannten Reality-Formaten hinein in den vermeintlich *realen* Sozialraum der Darsteller_innen. Ob auf der Tanzfläche, im Schlafzimmer, beim Sinnieren über eigene Unzulänglichkeiten – in der Logik der jeweiligen Inszenierung bleibt kein Raum unbeleuchtet, womit die Medienerzählung in ihrer scheinbaren Privatheit zum Ausgangspunkt öffentlicher Bewertung wird. Das Scripted-Reality-Format genießt zusammen mit weiteren Angeboten der privaten Tagesunterhaltung aufgrund der provokativen Themensetzung »über schwangere Schulmädchen, adipöse Arbeitslose und promiskuitive Proleten« (*Hertreiter 2014*) das Negativimage des *Sozialpornos*, weil das vermeintlich authentische Sozialleben so *schonungslos* gezeigt werde (vgl. ebd.).

Eine repräsentative Studie zur Rezeption von *Familien im Brennpunkt* der Landesanstalt für Medien (LfM) bestätigt diesen Eindruck: 78 Prozent der befragten Kinder und Jugendlichen erachteten die rezipierten Geschichten als prinzipiell realistisch (vgl. Götz et al. 2012: 46). Unabhängig davon, wie *authentisch* die Zuschauer_innen das Gezeigte nun bewerten mögen, vermittelt die Sendung im Mantel der Unterhaltung auch als fiktive Narration gesellschaftliches Wissen über Moralvorstellungen und etabliert Sehgewohnheiten aus einer gewissen Perspektive (vgl. Labitzke 2009: 308). Diese Sendungen sind damit Teil eines medialen Systems, in welchem sich gesellschaftliches Wissen materialisiert und (re-)produziert. In diesem Buch soll es nun darum gehen, das in diesem Unterhaltungsformat implizit materialisierte und produzierte Wissen über Menschen und deren Beziehungsmuster aus *unteren* Klassenlagen als Herrschaftswissen explizit und damit fassbar zu machen. Diese Sichtbarmachung erfolgt mit dem Fokus auf die (Re-)Präsentation der *Unterschicht* entlang der zentralen Frage, in welcher spezifischen Art und Weise Menschen aus der sogenannten *Unterschicht* im untersuchten Format im Hinblick auf ihre körperliche Sphäre dargestellt werden.

Das Buch gliedert sich in einen theoretischen Teil, in dem kurz auf die Debatte um die *Neue Unterschicht* im Kontext der Aktivierungsprogrammatik eingegangen wird (Kapitel 2) sowie auf die zentrale Bedeutung, die dem Körper als Ort der Vergesellschaftung zukommt (Kapitel 3). Im Anschluss soll die Entwicklung des Scripted-Reality-Formats vor dem Hintergrund der Etablierung des Privatfernsehens nachgezeichnet und die Genrespezifika im Vergleich zu den Vorgängerformaten herausgearbeitet werden (Kapitel 4), bevor methodische Grundlagen zum empirischen Vorgehen, sowie knappe Hintergründe zur Sendung *Familien im Brennpunkt* gegeben werden (Kapitel 5). Darüber hinaus wird sich im Kapitel 5 der groben Struktur der untersuchten Sendungen genähert, bevor die Feinanalyse tiefergehende Einblicke in das Datenmaterial entlang der Themen *körperlicher Ausdruck, Gesundheit* sowie *Geschlechterrollen* und *Sexualität* gibt. Im nächsten Teil erfolgt dann eine knappe Zusammenschau der empirischen Ergebnisse (Kapitel 6), bevor in Kapitel 7 ein abschließendes Resümee gezogen wird.

2. Die *Neue Unterschicht* und der Umbau des Sozialstaats

Um sich dem zu untersuchenden Komplex des *Unterschichtskörpers* theoretisch zu nähern, ist es zunächst notwendig, sich mit den Entwicklungen auseinanderzusetzen, die den Begriff der *Unterschicht* in den 2000er Jahren im medialen Diskurs zu großer Aufmerksamkeit verholfen haben, um ihn anschließend im Kontext sozialpolitischer Trends zu betrachten. In einem ersten Schritt soll daher die öffentliche Diskussion über die sogenannte *Neue Unterschicht* skizziert werden, welche in einem zweiten Schritt in die Analyse der sozialpolitischen Transformation des Wohlfahrtsstaats eingebettet wird.

Die im Jahr 2004 aufkeimende Debatte um eine *Neue Unterschicht* fand vor allem in dem Buch »Generation Reform« des Historikers Paul Nolte ihren Anfangspunkt (vgl. Chassé 2010: 11). Nolte führt seine Vorstellungen in einem Artikel im *Tagesspiegel* kondensiert aus: »Ernährungsdefizite und Bewegungsmangel, Sprachdefizite und Bildungsrückstände, übermäßiger Fernseh- und auch Handykonsum konvergieren in jenen neuen Unterschichten« (Nolte 2004). Massenmedien, insbesondere der *Stern* und der *Spiegel* sowie private Fernsehsender, griffen die Ideen daraufhin öffentlichkeitswirksam auf und trugen auf diese Weise dazu bei, das Konstrukt der *Neuen Unterschicht* mit Klischees und ausdrucksstarken Bildern anzureichern. So beschreibt etwa die Zeitschrift *GEO Wissen* die *Unterschicht* als auffälligen Ort der sozialen *Verwahrlosung*, »wo sich innere Lieblosigkeit und äußere Wurstigkeit vereinen« (GEO Wissen 2005) oder der *Stern* beschreibt »das süße Leben der Armen: Schokolade, Bonbons, Zigaretten und Geld vernichtende Handys« (Wüllenweber 2004: 1). Die zweite Phase der Debatte lässt sich auf dem Spätsommer 2006 datieren, in dem die Studie »Deutschland im Reformprozess« der Friedrich-Ebert-Stiftung erschien und eine wachsende Bevölkerungsgruppe als Teil des *abgehängten Prekariats* identifiziert wurde[1], welches in einem Klima der Verunsicherung »von der Erfahrung des Abstiegs und des sozialen Ausschlusses« (Chassé 2010: 13) geprägt sei und sowohl politisch, als auch sozial vom Rest der Gesellschaft abgekoppelt lebe (vgl. ebd; FES 2006: 4). Während die detaillierten Ergebnisse der Studie keinen Eingang in den Alltagsdiskurs fanden, diente der Begriff des *abgehängten Prekariats* als Stichwort für darauffolgende mediale Berichte und politische Äußerungen wie der exemplarische Rat des ehemaligen SPD-Bundesvorsitzenden Kurt Beck (SPD) im Dezember 2006, der einem Langzeiterwerbslosen empfahl, sich zu waschen und rasieren, dann habe er in drei Wochen einen Job (vgl. ebd.). Kern des medial gezeichneten

---

1   In Westdeutschland wurden dem »abgehängten Prekariat« acht Prozent der Bevölkerung zugeordnet, in Ostdeutschland waren es fünfzehn Prozent (vgl. Chassé 2010: 12).

Bilds der *Neuen Unterschicht* ist einerseits die Inszenierung des *Unterschichtsalltags* als Kultur der *Verwahrlosung* (z.B. exzessiver TV-Konsum, übermäßige und ungesunde Ernährung, gesundheitsschädlicher Tabak- und Alkoholkonsum), andererseits, daraus resultierend, die politische Einschätzung, der deutsche Sozialstaat biete den *Faulenzern* zu viele Freiheiten, das Sozialsystem auszunutzen (vgl. ebd.: 18f.). Die im Jahr 2002 und 2003 beschlossenen *Hartz-Reformen* (Gesetze für moderne Dienstleistungen am Arbeitsmarkt) entsprachen dem vorherrschenden Stimmungsbild und den suggerierten Folgerungen, die *zu hohen* Sozialleistungen animierten zum *Faulsein*. Mit dem bekannten Vierten Gesetz der Hartz-Reformen (*Hartz IV*) wurden Sozial- und Arbeitslosenhilfe verwaltungstechnisch zusammengelegt, sodass sich mit dem im 2005 eingeführten Arbeitslosengeld II (ALGII) die neue aktivierende Arbeitsmarktpolitik des »Förderns und Forderns« (BMFSFJ 2010) verfestigte (vgl. Lessenich 2013: 89). Diese Maßnahmen können als Teil einer aktivierungspolitischen Programmatik des Wohlfahrtsstaats verstanden werden, die Stephan Lessenich als »neosoziale politische Gouvernementalität« (Lessenich 2009a: 166) bezeichnet. Kern dieser Analyse ist die Unterordnung aller gängigen sozialen Unterschiede (stabile vs. instabile Arbeitsverhältnisse, Arbeit vs. Nicht-Arbeit, Lohn vs. Ehrenamt, Lohnarbeiter_in vs. Nicht-Lohnarbeiter_in usw.) unter die Hauptdifferenzen von *Beweglichkeit* vs. *Unbeweglichkeit*, *Aktivität* vs. *Inaktivität* und *Mobilität* vs. *Immobilität* (vgl. Lessenich 2008: 76). Passt der Einzelne sich diesem Aktivitätsdogma nicht genügend an, gilt dies folglich als »Ausweis individueller Unfähigkeit oder persönlichen Unwillens, von den gesellschaftlich gebotenen Handlungsspielräumen ökonomisch sinnvollen und sozial verantwortungsbewussten Gebrauch zu machen« (Lessenich 2009a: 164). Diese schrittweise Transformation von der »›Staatsversorgung‹ zur Selbstsorge, von der öffentlichen zur privaten Sicherungsverantwortung, vom kollektiven zum individuellen Risikomanagement« (ebd.: 163) bedeutet für das Subjekt, dass es immer stärker darauf angewiesen ist, sein Verhalten nicht nur gegenüber sich selbst, sondern auch der Gesellschaft zu verantworten, um der wohlfahrtsstaatlichen Konstruktion von rationalem Handeln gerecht zu werden. Die individuelle Selbstführung im Hinblick auf individuelle, soziale und ökonomische Rationalitäten bedarf im Foucault'schen Sinne einer Fremdführung, die in Form der Aktivierungsprogrammatik »seinen sozialregulativen Bezugspunkt in der Subjektivierungsfigur des ›unternehmerischen Selbst‹ findet« (ebd.: 163f.). Selbst- und Fremdführung sind für Foucault elementare Bestandteile der neoliberalen Gouvernementalität, d.h. einer Regierungstechnologie, welche sich dem Prinzip »omnes et singulatim« (Foucault 2004a: 192) verschrieben hat: Statt einer souveränistischen Disziplinarherrschaft wird nun sowohl die Masse der Menschen, als auch jeder Einzelne geführt und mit dem Ziel regiert, das »Geschick [der Bevölkerung, B.S.] zu verbessern, ihre Reichtümer, ihre Lebensdauer, ihre Gesundheit zu mehren« (ebd.: 158). Diese neue Form der Regierung arbeitet dabei stets mit einem *Freiheitsmoment*, sodass die Selbstführung (als Teil eines größeren biopolitischen Projekts[2]) erst als subjektives Handeln und nicht nur Reaktion auf eine rigide Herrschaft gelten kann und auf diesem Wege gesellschaftlicher Erfolg stets als allgemeinen Beweis für persönlicher Aktivität und ein vorbildhaftes Sozialverhalten gegenüber dem machtpolitischen Abstraktum der Gesamtbevölkerung deutet.

> Die neue Regierungskunst stellt sich also als Manager der Freiheit dar, und zwar nicht in dem Sinne des Imperativs: ›Sei frei!‹, was den unmittelbaren Widerspruch zur Folge hätte, den dieser Imperativ in sich trägt. Es ist nicht das ›Sei frei!‹, was der Liberalismus fordert, sondern einfach Folgendes: ‚Ich werde dir die Möglichkeit zur Freiheit bereitstellen. Ich werde es so einrichten, dass du frei bist, frei zu sein (Foucault 2004b: 97).

Die neosoziale Moralökonomie besagt also, dass »wer nicht oder nicht hinreichend für sich selbst – und damit eben auch für die Anderen – (vor)sorgt, wird gewissermaßen selbsttätig – nämlich durch aktives Unterlassen – zum Risiko für die Allgemeinheit, zum riskanten Subjekt« (Lessenich 2008: 119). Dieser grundlegende Umbau des wohlfahrtsstaatlichen Systems stellt daher nicht einfach einen *neoliberalen Abbau* staatlicher Förderung dar, sondern vielmehr eine von Reorganisationsprozessen in der staatlichen Verwaltung begleitete Verlagerung der öffentlichen Steuerung in das Subjekt *hinein* (vgl. Lessenich 2009b; Lessenich 2003: 214). In der zuvor skizzierten *Unterschichtsdebatte* kommt diese Individualisierung gesellschaftlicher Problemlagen besonders in der »moralisierende[n] Delegitimierung nicht-erwerbstätiger Lebensformen« (Lessenich 2003: 218) sowie durch die Entproblematisierung sozialer Ungleichheit als gesellschaftliches zentrales Problem zugunsten einer Rhetorik der universalistischen Inklusion aller Menschen als Marktbürger_innen, die sich selbst stets zum Wohle des kollektiven Gesellschaftskörpers als *aktiv* und *beweglich* denken und begreifen (vgl. Lessenich 2009a: 167ff.), zum Ausdruck. Es geht also damit nicht nur um die tatsächliche Umsetzung der Forderung aktivierungspolitischer Forderungen, sondern auch um die Produktion und Verinnerlichung sozialen Wissens in Form eines »Bewusst-Werden[s] und -Sein[s] des Aktivsein-Könnens und -Wollens« (Lessenich 2009a: 169). Schon dieses gesellschaftlich akzeptierte Wissen um *Aktivität* als oberste Handlungsmaxime ist eine gesellschaftliche Macht: Es verbreitet sich in »Kämpfe[n] um Hege-

---

2   Foucault versteht Biopolitik als postsouveränistisches Herrschaftsmodell in modernen Gesellschaften und sie befasst sich »mit der Registrierung und der Steuerung der Bevölkerungsbewegungen in einer Gesellschaft, angefangen bei der statistischen Erfassung von Geburten und Todesfällen über die staatlichen Anstrengungen zum Steigerung der Geburtenrate und die verschiedensten Formen der öffentlichen Hygiene und Gesundheitspflege bis hin zur eigentlichen Regulation der Bevölkerung in ›qualitativer‹ Hinsicht, letztlich bis zur eugenisch motivierten Ausmerzung von ›lebensunwertem Leben‹« (Sarasin 2012: 170f.)

monie, schlägt Haken, transformiert sich, bleibt hartnäckig und materialisiert sich schließlich [...] in sozialen Sichtbarkeiten« (Danilina et al. 2008: 13) in der diskursiven Konstruktion um die *neue Unterschicht*. Mit arbeitsmarktpolitischen Maßnahmen werden Nicht-Befolger_innen dieser gesellschaftlichen Leitidee dazu angeleitet, ihr individuelles Verhalten entsprechend anzupassen, da Erwerbslosigkeit per se (und das damit diskursiv verbundene *unnötige* Verharren in der *Unterschicht)* als Fehlverhalten angesehen wird, da der_dem als *frech* und *dreist* klassifizierten Arbeitssuchenden (vgl. Baron/Steinwachs 2012) ein ungenügendes Engagement bei der Jobsuche unterstellt wird und ihm_ihr damit ein Stigma der *Inaktivität* anhaftet (vgl. Lessenich 2009b).

Sozialpolitik ›nach Hartz‹ lässt sich insofern als öffentliche Verhaltenstherapie verstehen und der aktivierende Sozialstaat als Institution gewordener Verhaltenstherapeut, der die fehlgeleiteten Subjekte zu gemeinwohldienlichem Handeln (zurück)führt (Lessenich 2009b).

Diese staatlich verfasste *Verhaltenstherapie* zielt auf die Normierung der Subjekte nach aktivierungsprogrammatischen Gesichtspunkten im Sinne der Figur des *unternehmerischen Selbsts.* Dieser Kristallisationspunkt aktivierender Sozialpolitik im Subjekt kann mit dem Freiburger Soziologen Ulrich Bröckling als »Weise, in der Individuen als Personen adressiert werden, und zugleich die Richtung, in der sie verändert werden und sich verändern sollen« (Bröckling 2007: 46), beschrieben werden. Bröckling zeigt, dass aktivierungspolitische Strategien auch Eingang in die Managementliteratur und -welt finden, wobei die projektorientierte Umstellung der unternehmerischen Arbeitsprozesse so ausgeweitet wird, dass fortan das *ganze* Subjekt (und nicht nur seine Arbeitskraft) als neuer Raum der unternehmerischen Wertschöpfung erschlossen wird und damit den Aktionsradius aktivierender Politik vergrößert (vgl. ebd.: 67). Dabei werden die beteiligten Individuen auf die Prinzipien des Projektmanagements eingeschworen, welche ihnen vermitteln, sich selbst wie ein *modernes Unternehmen* führen zu müssen: *kundenorientiert, qualitativ hochwertiger, schneller, zuverlässiger* und *kostengünstiger* als die Konkurrent_innen (vgl. Bröckling 2002: 8). Obwohl diese *Selbstoptimierung* des Subjekts hier zunächst als eine empfohlene Erfolgsstrategie für die Wirtschaftselite erscheint, manifestiert sich in ihr dennoch die grundlegende Anforderung der Aktivgesellschaft an das Individuum, die im Kommentar des IBM-Gründers Thomas Watson deutlich wird:

> Ob man den Sprung von hier nach da schafft, hängt zu 99,9 Prozent von der Entschlossenheit ab, ihn zu wagen und ohne Kompromisse an seinem Vorhaben festzuhalten, auch wenn einem von seiner Umwelt (einschließlich der lieben Kollegen) noch so viele Hindernisse in den Weg gelegt werden (Watson zit. nach Peters 1995:15f.).

Diese Interpretation der Gesellschaft, in der (nahezu) keine sozialstrukturellen Barrieren existieren, zieht das Subjekt durch die innere Dynamik in einen Sog der *Aktivierung*: Wenn der gesellschaftlich definierte *Erfolg* allein aus der Willenskraft zum aktiven Handeln, aus dem offensiven »Ethos des Beginnens« (ebd.) erwächst, kann kein Zögern, kein Orientieren an Routinen und Institutionen geduldet werden, weil *Passivität* immer *Misserfolg* zur Folge hat und der_die Scheiternde damit ohne genauere Betrachtung der Umstände den gesellschaftlichen Stempel des *Es-zu-wenig-Gewollt-habens* aufgedrückt bekommt. Das *unternehmerische Selbst* muss daher zwangsläufig immer hinter seinen eigenen Erwartungen zurückbleiben, »aber gerade diese Kluft zwischen Ideal und Wirklichkeit hält es in Bewegung« (ebd.) und durchwirkt die *aktivierten* Subjekte mit einem permanenten Unzulänglichkeitsgefühl. Die Adressierung des Subjekts geschieht dabei auch ganz konkret durch Alltagspraxen, durch die das Subjekt den Regierungstechniken des neoliberalen Leistungsregimes immer wieder begegnet und sich damit potenziell in seinem Wollen, Handeln und Fühlen dem System kollektiver Kontrolle unterordnet. Für diverse gesellschaftlichen Klassenlagen stehen somit entsprechende *Angebote* zur Verfügung, die ähnliche Wertvorstellungen wie die der exklusiven Manager_innen-Seminare vermitteln: Angefangen von Sanktionen und Trainingskursen für Erwerbslose, sozialpädagogischen Maßnahmen für Jugendliche, Lehrpläne an (Sonder-)Schulen, Pflegeeinrichtungen für *Behinderte* oder Senior_innen bis hin zu Richtlinien für die internationale *Entwicklungszusammenarbeit* leisten diese Institutionen machtförmige Anpassungsdienste für ein aktivierendes (Arbeitsmarkt-)Regime und setzen den *Markt* als obersten Richter für Entscheidungen (vgl. ebd.: 12f.).

In der in diesem Kapitel skizzierten, in den 2000ern aufgekommenen Debatte um eine *Neue Unterschicht* in Deutschland wird das private Tagesfernsehprogramm im Rahmen einer politischen Aktivierungsprogrammatik häufig als Bestandteil einer neuen *Unterschichtskultur* bezeichnet, die Inbegriff einer gesellschaftlich unerwünschten *Passivität* als Folge von mangelnder Selbstdisziplin und damit des Unwillens sei, da die *Unterschicht* »die Kontrolle, beim Geld, beim Essen, beim Rauchen, in den Partnerschaften, bei der Erziehung, in der gesamten Lebensführung« (Wüllenweber 2004: 2) verliere. Dieses gesellschaftliche Klima steht im dialektischen Verhältnis zum Umbau des staatlichen Wohlfahrtsystems, da es zugleich den Ursprung und die Folge einer allgemeinen neosozialen Transformation des politischen Systems im Sinne einer *Aktivierung* markiert. Das monokausale Modell des Aktivstaats, in dem jede Anstrengung mit *ausreichender* (oder *nicht ausreichender)* Leistungsbereitschaft im Sinne der Marktfähigkeit erklärbar wird, führt damit zur rhetorischen Nivellierung der Klassenunterschiede in einer Gesellschaft, in der sich das Subjekt im Rahmen seiner bürgerlichen Freiheiten selbst führt.

Die in diesem Kapitel knapp skizzierte Entwicklung der medialen Debatte um eine *Neue Unterschicht* und deren Anknüpfungspunkte zum Konzept des aktivierenden Wohlfahrstaats verdeutlicht einerseits, dass Menschen in *unteren* Klassenlagen im Lichte des vorherrschenden Aktivierungsparadigmas den sozialpolitischen Anforderungen im Sinne einer *aktiven Selbst-Fürsorge* zum

einen aufgrund ihrer prekären sozio-ökonomischen Lage (Mangel an Aktivie-
rungskapital z.B. in Form von Geld, Zeit, formaler Bildung etc.) weniger gut
nachkommen können und andererseits durch die in der medialen Debatte
angeheizten Stereotype über die *Unterschicht* die Vorstellung begünstigt wird,
dass dies Ausdruck ihres eigenen Wunsches nach *Passivität* sei. Im Anschluss
daran soll nun in einer knappen Abhandlung skizziert werden, welcher Rolle der
körperlichen Sphäre für die (Re-)Präsentation sozialer Klassen zukommen kann,
d.h. inwiefern der *Körper* als hegemonial umkämpfter Ort der Herrschaft und
gleichzeitig als Ort der originär-erfahrbaren Subjektivität integraler Bestandteil
eines sozialpolitischen Diskurses darstellt.

3. Der Körper als zentraler Ort der Vergesellschaftung

In den Sozialwissenschaften war der menschliche *Körper* in seiner analytischen Komplexität lange Zeit aus dem Blick geraten, was sich erst langsam mit der im sogenannten *body turn* vollzogenen Hinwendung zum Thema der Körpersoziologie Anfang der 1990er Jahre änderte (vgl. Gugutzer 2006: 9). In der trivial erscheinenden Feststellung Erving Goffmans, dass der Mensch an jedem Ort seines Aufenthaltes immer »seinen Körper dabeihaben« (Goffmann 1994: 152) muss, entpuppt sich der *Körper* bei genauerem Hinsehen als wesentlich mehr als eine »bloße[-] Randbedingung sozialen Handelns« (ebd.: 21). Erst *mit* dem und *durch* den Körper wird die soziale Welt wahrnehm- und erlebbar, aber nicht nur das; der Körper ist vielmehr als zentrales »Handlungsinstrument« (Villa 2007) zu begreifen, da er nicht einfach *natürlich* gegeben ist, sondern individuell und sozial verfügbar gemacht wird und als solcher in kollektiven Prozessen in Szene gesetzt wird: Angefangen bei Mode, Körperschmuck und -chirurgie reicht die vielseitige Palette körperlicher Manipulation und Artikulation bis hin zu einem Repertoire verfügbarer Gesten, Blicke und Körperhaltungen (vgl. ebd.).

Eine zentrale analytische Annäherung an den Komplex des *Körpers* ist der von dem Philosophen Helmuth Plessner diagnostizierte »unaufhebbare[-] Doppelaspekt« (Plessner [1928] 1975: 294 in Müller et al. 2011: 8) von *Körper-Haben* und *Leib-Sein*. Die komplexe Beziehung des modernen Menschen zu seinem eigenen Körper gründet nach Plessner vor allem darin, dass er einerseits seinen Körper als »Objekt vor sich hat, als Instrument zu beherrschen sucht und gegebenenfalls zum Realissimum erhebt« (Müller et al. 2011: 7f.), während er andererseits dieses Objekthafte selbst *ist*, und zwar in einer unmittelbaren Leiblichkeit (vgl. ebd.: 8). Auf der Basis des *Leib-Seins* und des damit verbundenen leibhaften *Erlebens* kann der Mensch erst das Wissen über seinen eigenen Körper erlangen (vgl. Hitzler 2002: 77), aufgrund dessen er ihn entsprechend modellieren, trainieren oder instrumentalisieren kann. Die leibliche Dimension meint ein »radikal subjektives Fühlen« (Villa 2007), welches anderen Menschen nicht (bzw. nur teilweise über die Übersetzung in Sprache) zugänglich gemacht werden kann: All jenes also, was *am eigenen Leibe* erfahrbar und in seiner Unmittelbarkeit kaum zu unterdrücken ist, wie etwa das Gefühl des Frierens, des pulsierenden Schmerzes oder der tiefen Freude (vgl. Misoch 2011: 108; Villa 2007). Dennoch ist auch die leibliche Erfahrung Bestandteil sozialer Lernprozesse, denn das gesellschaftlich generierte *Körperwissen* fungiert als »intersubjektiv geteilte[-] Chiffre für unsere gefühlte Erfahrung« (Villa 2007), bewertet und steuert die leibhaftig erfahrenen Impressionen entlang gesellschaftlicher Normen wie *gesund – krank*, *normal – anormal* usw. Besonders anschaulich wird diese im Alltagshandeln kaum unterscheidbare Vermischung von auf gesellschaftlichem Körperwissen generierten

Orientierungen (vgl. Gugutzer 2006: 31) und originärem leiblichen Empfinden im Phänomen der *Peinlichkeit*, das ob seiner leiblichen Unmittelbarkeit (z.b. rote Wangen) dennoch durch die gesellschaftlich sozialisierte Dechiffrierung eines *nicht angebrachten Verhaltens* den Effekt erst hervorbringt.

Der Körper bietet in seiner Vergesellschaftung darüber hinaus diverse Möglich- und Notwendigkeiten, als Teil eines Kollektivs wahrgenommen zu werden. Diese Integration in ein Körperkollektiv geschieht einerseits durch explizite äußerliche Anpassungen (wie etwa Modetrends in Subkulturen), andererseits und subtiler aber auch qua »implizite[n] kulturelle[n] Körperkonstruktionen« (Villa 2007), z.B. Stimmlage, Körperhaltung, Timing.

> Hierzu bedarf es eines erheblichen, von uns allen allerdings meist präreflexiv und selbstverständlich erbrachten Aufwandes im Alltag. Wir tragen die ›richtige‹ Kleidung, rasieren uns an den ›richtigen‹ Stellen (nicht) die Haare, führen unseren Körpern in je ›richtiger‹ Weise im Raum und betreiben endlos viele mehr oder minder kleine Inszenierungen (ebd.).

Durch das teilweise Aufbrechen traditioneller Identitätskonstruktionen besteht für das Individuum immer öfter auch die Notwendigkeit, sich selbst in soziale Gefüge einzuordnen und sich mittels des Körpers selbst in Szene zu setzen (vgl. ebd.). In dieser *Inszenierung* im Sinne Erving Goffmans' Theatermetapher[3] verfolgt das Individuum auf der Bühne (des Lebens) *aktiv* das Ziel, durch die körperliche Erscheinung und den Körperausdruck (Mimik, Gestik usw.) eine *Fassade* aufzubauen, um sich durch »Techniken der Imagepflege« (Goffman 1986: 18) in einer bestimmten Art und Weise selbst zu präsentieren. Eine gelungene Selbstdarstellung, die dem Gegenüber in der Interaktion »valid impressions« (Goffman 1997: 22) vermittelt, rekurriert zudem auf einen hoch konventionalisierten allgemeinen Bestand an gesellschaftlichem Wissen (z.B. Körpersymboliken müssen *richtig* ver- und entschlüsselt werden), sodass die Inszenierung des *Selbsts* als intersubjektiv *verständliches* und *sinnvolles* Unterfangen nicht außerhalb vorherrschender Regeln und Normen funktionieren kann (Villa 2007). Dem Körper wohnt damit ein normatives Moment inne, insofern als dass für sozial Handelnde die »Verpflichtung [besteht], im Zusammensein mit anderen bestimmte Informationen zu geben, bestimmte andere Eindrücke aber keinesfalls zu vermitteln – so wie ja auch eine bestimmte Erwartung darüber herrscht, wie sich andere zu präsentieren haben« (Goffman 1971: 43). Dabei übernimmt das Individuum jedoch nicht einfach oberflächlich eine Rolle und »bleibt im ›Innersten‹ ein anderer« (Sonnenmoser 2011: 123), sondern erst im Akt der

---

3 Goffman unterscheidet dabei zwischen der Vorderbühne, auf der der Menschen ähnlich wie ein_e Schauspieler_in in eine Rolle schlüpft und der Hinterbühne, auf welcher der erweckte Eindruck »bewusst und selbstverständlich widerlegt wird« (Goffman 1996: 18) und somit das strategische Spielen von Rollen im Alltag möglich werden lässt. (vgl. ebd.)

Selbstdarstellung verinnerlicht es Wertvorstellungen und einen praktischen Sinn und wird dadurch es selbst (vgl. ebd.).

Vor dem Hintergrund der Aktivierungsprogrammatik (siehe *Kapitel 2*) wird der *Körper* dabei immer umfassender zum *Rohstoff* der *Selbstoptimierung*, da er eine besondere Möglichkeit bietet, das Subjekt *selbsttätig* und *aktiv* durch den Einsatz (ungleich verteilter) gesellschaftlicher Ressourcen (z.B. Zeit, Geld, Arbeit) im Sinne der vorherrschenden, hegemonialen Körperideale zu *verbessern*. Paula-Irene Villa konstatiert eine zunehmende Verfügbarmachung des Körpers, d.h. dass die Versachlichung des *Körpers* als beliebig manipulierbares Objekt prinzipiell immer weiter voranschreitet (z.B. Live-Operationen im Fernsehen[4]), während andererseits der selten thematisierte *Leib* als Erlebnisraum nur begrenzt beeinflussbar ist (vgl. Villa 2007).

Der Körper ist aber nicht nur eine bearbeitbare Materie, sondern auch ein Zeichenträger, der durch verschiedenste Ausdrucksformen (z.B. Sprache, Bewegung, Geschmackspräferenzen) vermittelt, welche Position Menschen im sozialen Gefüge einnehmen. Pierre Bourdieus Habituskonzept zeigt, »dass soziale Ungleichheiten auch eine ästhetische, subjektive Ausdrucksform« (ebd.) haben und beschäftigt sich dabei vor allem mit klassenspezifischen Geschmäckern. Die Klassenidentität wird also durch den Körper vermittelt, indem sich die Tiefenstrukturen der persönlichen Dispositionen und Einstellungen (wie z.B. Ernährung und Körperpflege) in den Körperdimensionen und -formen sowie im Muskelaufbau als die »unwiderlegbarste Objektivierung des Klassengeschmacks« (Bourdieu 2012: 307) manifestieren. Dieses sozial generierte Körpergefühl

> ließe sich in jedem Körpergebrauch und -verhalten wiederfinden, zumal in den scheinbar *unbedeutendsten Äußerungen*, die in dieser Eigenschaft auch vorzüglich als eine Art *Gedächtnisstütze* fungieren, in der die tiefsitzenden Werte einer Gruppe, deren grundlegende ›Überzeugungen‹ gespeichert sind (ebd.: 308, Hervorh. i. O.).

Der Habitus generiert dabei Denk-, Handlungs- und Wahrnehmungsschemata, die dem *Körperleib* sowohl kognitiv, als auch in vorreflexiver, unbewusster Weise in Form von Dispositionen eingeschrieben sind und auf diesem Wege zu einer »Art zweite[n] Natur« (Bohn/Hahn 2007: 296) der Handelnden werden, welche die soziale Genese des Habitus verschleiert und somit dazu beiträgt, die Herrschaftsstruktur zu reproduzieren (vgl. Jäger 2004: 176). Erst mittels des Körpers werden klassenspezifische Habitusformen wahrnehm- und differenzierbar, womit sich einerseits die soziale Ordnung in einem dialektischen Prozess im Leibe manifestiert und der Körper andererseits selbst ein Zeichen, ein »Klassifikationssystem« (Bourdieu 2012: 277) der Praxisformen wird. Inkorporierte Handlungsmuster ermöglichen auch die Dechiffrierung der Körpersymbole anhand eines

---

4   So ist zum Beispiel die Sendung »Skalpell bitte – Die Herzoperation« (SWR) zu nennen, in der ein Ärzteteam bei einer Herzoperation von einem Kamerateam begleitet wird (vgl. SWR 2012).

sozialen Sinns, der die intuitive Einordnung anderer Personen im sozialen Gefüge ermöglicht (vgl. Villa 2007).

Das Erlernen »was laut oder leise ist, was sich gut anfühlt oder hässlich aussieht, wovor wir Angst haben und was wir auf welche Weise begehren« (ebd.), ist Ergebnis einer komplexen, oft aktiven Aneignung eines spezifischen »Körperwissens« (ebd.) im sozialen Umfeld. Im Allgemeinen hat die Aneignung des *Körperwissens* einen prozesshaften Charakter, enthält sowohl fremd- und selbstbestimmte Aspekte und erfolgt oft implizit und präreflexiv (vgl. ebd.). Dass dieser Sozialisationsprozess nicht nur explizites Wissen einschließt, lässt sich eindrücklich an einer Beobachtung des Kulturanthropologen Marcel Mauss verdeutlichen, der von einem Dorf berichtet, in dem die Bewohner_innen das *Ausspucken* nicht beherrschten, jedoch nach einiger mühsamer Übung mit dem Forscher die Technik erlernen konnten (vgl. Mauss 1989: 216).

Zusammenfassend lässt sich sagen, dass der *Leib-Körper* (Gugutzer) als machtförmig durchwirktes Ensemble leiblicher Subjekterfahrungen gleichzeitig ein Gestaltungsraum körperlicher Modulation im Rahmen gesellschaftlich virulenter Wissensstrukturen darstellt und damit hegemonialen Deutungsweisen unterliegt. Andererseits werden in der körperlichen Sphäre nicht nur (Klassen-)Strukturen leibhaft reproduziert, sondern körperliche Repräsentationen bergen auch eine eigensinnige Macht der Kreativität, die die vorherrschenden Körperpraxen im Vollzug variier- und veränderbar und damit *produktiv* machen (vgl. Bublitz 2006: 347; Villa 2007). Der Habitus einer Klasse als »*Erzeugungsprinzip* objektiv klassifizierbarer Formen von Praxis und *Klassifikationssystem* (principium devisionis) dieser Formen« (Bourdieu 2012: 277, Hervorh. i. O.) kann als spezifisches gesellschaftlich umkämpftes Wissen verstanden werden, welches die Klasse nicht nur analytisch als materielle Stellung im kapitalistischen Produktionsprozess fasst, sondern die kulturelle Sphäre des *Klassenkörpers* diskursiv festlegt.

Im Rahmen dieses Kapitels sollte nun deutlich geworden sein, dass der Körper weder eine reine Randbedingung des Sozialen, noch eine originalgetreue Übersetzung der Sozialstruktur darstellt. Die Wahrnehmung von Körpern im öffentlichen Raum ist also Teil eines im- und expliziten Sozialisationsprozesses, womit der Körper einerseits in seiner *Körper*dimension zum Austragungsort sozialer Deutungskämpfe wird und sich qua seiner *Leib*dimension tief ins Innere des Subjekts als untrennbare Mischung aus originärer Individualität und sozial erlernten Empfindungsmustern einbrennt. Bevor die empirische Analyse sich vertieft damit beschäftigt, wie der *Unterschichtskörper* im untersuchten Format medial in Szene gesetzt wird, soll im nächsten Kapitel zunächst ein Einblick in die Entwicklung des hier thematisierten Scripted-Reality-Formats gegeben werden, welches völlig neue Produktionsweisen etablierte und damit nicht nur als mediales Konstrukt Verhandlungsort gesellschaftlicher Werte und Normen ist, sondern mit dem Einsatz von Laiendarsteller_innen nun auch *echte* Körper in den Produktionsprozess Einzug halten.

4. Die Inszenierung *einfacher Menschen* im Scripted-Reality-Format

Das hier behandelte Scripted-Reality-Format in Tagesprogramm der Privatsender wird oft als sogenanntes *Unterschichtsfernsehen* betitelt, da einerseits dem Publikum eine entsprechende soziale Herkunft zugeschrieben wird (sowie ein damit verbundener zugeschriebener Mangel an *Geschmack* und *Bildung*) und andererseits die Laiendarsteller_innen selbst der *Unterschicht* zugerechnet werden. So schrieb beispielsweise *Die Zeit*, »Arbeitslose spielten Arbeitslose, und Arbeitslose schauten ihnen zu« (Amend 2005). Besonders Erwerbslose gerieten in den Fokus der Mitte der 2000er aufflammenden Streitgespräche in der deutschen Medienlandschaft, wie der *Stern* pointiert feststellt: »Zum Buhmann wird dann ein nachmittags vor der ›Glotze‹ sitzender Hartz-IV-Empfänger, der sich bei Bier und Tiefkühlpizza durch die TV-Welt zappt« (Engel 2006). In diesem Kapitel soll nun ein genauerer Blick auf die politischen und programmstrategischen Hintergründe der Popularisierung des unterhaltungsorientierten Hybridformats der *Scripted-Reality* geworfen werden, die dazu beitrugen, dass sich spezifische Charakteristika des Formats durchgesetzt haben, die zum ersten Mal den Körper des *einfachen Menschens* als Leinwand fiktionaler Geschichten einsetzten.

Bereits in den 1960er-Jahren gab es zahlreiche Bemühungen seitens wirtschaftlicher und parteipolitischer Akteur_innen, dem öffentlich-rechtlichen Fernsehen ein privates Programm entgegen zu setzen. In diesem Zusammenhang tat sich besonders der Bundesverband Deutscher Zeitungsverleger (BDZV) hervor, der 1961 unter Mitwirkung Axel Springers beschloss, seinen »legitimen Anspruch auf eine Mitwirkung an allen Möglichkeiten der Nachrichtenverbreitung unnachgiebig zu vertreten« (zit. nach Fischer 1993: 30). Dieses auch von CDU/CSU forcierte Vorhaben scheiterte jedoch immer wieder vor allem an technischen und verfassungsrechtlichen Barrieren sowie an der bis in die 1980er Jahre politisch dominierenden sozialdemokratischen und gewerkschaftlichen Ablehnung eines privat finanzierten und kontrollierten Fernsehprogramms (vgl. Krüger 1992: 68; Fischer 1993: 33). Bereits in den 1970er Jahren erforschte die Kommission für den Ausbau des technischen Kommunikationssystems (KtK) die technischen Grundlagen für die Erweiterung der TV-Kanäle und befürwortete ein Kabelpilotprojekt an vier deutschen Standorten, welches ursprünglich zur Erweiterung des öffentlich-rechtlichen Fernsehprogramms dienen sollte (vgl. Keime 2007: 9). Der Wendepunkt dieser Entwicklung materialisierte sich im *FRAG-Urteil* des Bundesver¬fassungsgerichts, das 1981 die Zulassung privatwirtschaftlichen Rundfunks für »prinzipiell verfassungskonform« (ebd.) erklärte. Nachdem der Weg für das Privatfernsehen auf technischer und rechtlicher Seite geebnet war, gelang es der CDU/CSU-Fraktion mit dem Regierungswechsel 1982, dem ihrerseits als »linkslastig« eingeschätzten öffentlich-rechtlichen Fernsehen ein neutralisierendes Gegengewicht« (Krüger 1992: 68) entgegenzusetzen, womit der endgültige Durchbruch für das duale TV-System besiegelt war. Mit der Inbetriebnahme des Kabelpilotprojekts Ludwigshafen ab Mitte der 1980er Jahre und der damit verbundenen Erstausstrahlung des privaten TV-Programms *RTL plus* am 2.1.1984 (vgl. Fischer 1993: 42) sowie der Sendestart von *Sat1* im Januar 1985 transformierte sich die TV-Landschaft aus öffentlich-rechtlichen Sendeanstalten schleichend zum dualen Rundfunksystem (vgl. Steinmetz 1999: 180). Weiterführende rechtliche Grundlagen für die Umsetzung privaten Rundfunks – so auch die Gründung der Landesmedienanstalten (LMA) zur Kontrolle – konnten erst mit der 1987 erzielten Einigung der Bundesländer auf den »Staatsvertrag zur Änderung des Rundfunkwesens« erfolgen (vgl. Keime 2007: 9f.). Bis Mitte der Neunziger Jahre entwickelten besonders zwei Kapitalgruppierungen im Hinblick auf die Eigentumsstrukturen an den Privatsendern eine Vorherrschaft – »nämlich erstens Kirch/Springer und zweitens CLT/Bertelsmann/Ufa« (Böckelmann/Hesse 1996: 23). Seit der Insolvenz der Kirch-Gruppe im Jahr 2002 macht die zum Bertelsmann-Unternehmen gehörende *RTL Group* mit 25,2 Prozent den stärksten Zuschaueranteil im deutschen Privatfernsehen aus – dicht gefolgt von der *ProSiebenSAT.1 Media AG* (ehemals Kirch) mit 22 Prozent des Zuschaueranteils (vgl. KEK 2010: 69).

Mit der Etablierung des dualen Rundfunksystems veränderten sich die Programmstrukturen grundlegend: Zum einen dehnten sich die Sendezeiten bis 1989 von einem lückenhaften zu einem 24-Stunden-Betrieb aus (vgl. Mikos 2007: 20) und andererseits spielten für den Rundfunk nun auch andere Kriterien eine zunehmend größere Rolle, nämlich in Antizipation der »wirtschaftlichen Notwendigkeit, möglichst massenattraktive, unter dem Gesichtspunkt der Maximierung der Zuschauer- und Hörerzahlen erfolgreiche Programme zu möglichst niedrigen Kosten zu verbreiten« (4. Rundfunkurteil, zit. n. Krone 2005: 85). Die erstmalige Abdeckung von Vor- und Nachmittagen im TV-Programm sollte konzeptionell besonders den Bedürfnissen der Schichtarbeiter_innen gerecht werden, die das Abendprogramm nicht sehen konnten und war andererseits an den nicht erwerbstätigen Teil der Bevölkerung (insbesondere an die Zielgruppe der *Hausfrau)* gerichtet (vgl. Mikos 2007: 20f.). Mit den veränderten Bedingungen etablierten sich zunächst Vormittags- und Frühmagazine, die andere Themen als die öffentlich-rechtlichen TV-Sender in den Mittelpunkt des Interesses rückten (z.B. Klatsch und Tratsch, Lebenshilfe, Partnersuche) sowie neuartige Präsentationsformen salonfähig machten und damit ein neues Genre der unterhaltungsorientierten Informationssendung, des *Infotainments,* schufen (vgl. ebd.: 21). Zunächst war es für die privaten Sender zu kostspielig, das Tagesprogramm mit ähnlichen Eigenproduktionen wie die der etablierten öffentlich-rechtlichen Sender zu füllen, sodass sie auf das Ankaufen von (oft amerikanischen) Fremdproduktionen zurückgriffen, um den beliebten Nachmittagsserien *Schwarzwaldklinik* (ZDF) und *Lindenstraße* (ARD) etwas entgegen zu setzen. Erst im September 1992 etablierte sich mit der Sendung *Hans Meiser* mit den täglichen Talkshows, dem sogenannten *Daily Talk*, endgültig eine kostengünstige Alternative, die über den Tag hinweg ein konkurrenzfähiges Gegenangebot zum öffentlich-rechtlichen Programm darstellte (vgl. ebd.). Zugleich waren diese Eigenproduktionen viel besser in der Lage, die Zuschauer_innen an den Sender zu binden: Im Gegensatz zu angekauften Produktionen wie der Sitcom *Eine schrecklich nette Familie*, die sowohl auf *RTL* als auch auf *ProSieben* zu sehen war, wussten die Fernsehkonsument_innen nun, dass z.B. die Sendung *Hans Meiser* für *RTL* steht, während *Arabella* nur bei *ProSieben* zu sehen war (vgl. Krützen 2002: 45). Der *Daily Talk* feierte in den 1990ern als Vor- und Nachmittagsunterhaltung eine Erfolgsgeschichte mit 22 verschiedenen Produktionen (davon allein 18 auf den privaten Sendern) (vgl. ebd.: 49). *Hans Meiser* (RTL) lockte in Spitzenzeiten Mitte der 1990er-Jahre sogar bis fünf Millionen Zuschauer_innen, was »in der heutigen Zeit für eine Nachmittagssendung (egal welcher Art) überhaupt nicht mehr im Bereich des Vorstellbaren liegt« (Elsbeck 2011).

Das Neue am *Daily Talk* Anfang/Mitte der 1990er war nicht nur seine starke Präsenz im Nachmittagsprogramm (in den 1990ern bis zu dreizehn Sendungen täglich), sondern »vor allem die Tatsache, dass hier ›normale‹ Leute, Menschen wie du und ich, auf einem televisuellen Forum auftreten durften, um dort von ihrem Leben zu berichten und Fragen des sozialen Zusammenlebens oder des individuellen Glücks zu diskutieren« (Mikos 2007: 22), machte den *Daily Talk* attraktiv und wurde somit »für die Zuschauer zum Sprachrohr für die eigenen Sorgen und Nöte« (Gleich 2001: 527). Im Gegensatz zu anderen Formaten im Genre der *Talkshow* zeichnet sich die *Daily Talkshow* neben ihrer (werk)täglichen Ausstrahlung dadurch aus, dass der_die Moderator_in als eine hervorgehobene, charismatische (oft titelgebende) Instanz fungiert, die (fast) ausschließlich nicht-prominente Gesprächspartner_innen nach deren privaten Geschichten befragt, die dem Moderierenden zuvor schon bekannt sind und dann Punkt für Punkt abgehandelt werden (vgl. Spetsmann-Kunkel 2004: 27; Krützen 2002: 44). Dabei steht nicht das Austauschen von Informationen und persönlichen Standpunkten im Mittelpunkt, sondern in vielen Fällen haben die Sendungen schon zu Beginn eindeutige Botschaften, die mittels der starken Gesprächsführung des/der Moderator_in anhand der fünf bis zehn auf der Bühne platzierten Gäste illustriert und ausgeschmückt werden (vgl. Krützen 2002: 44f). Des Weiteren sind die Sendungen meistens auf ein (privates) Thema konzentriert[5] und inhaltlich sehr redundant, »so dass ein Zuschauer,

---

5   Im Zeitraum zwischen 1991 und 2000 wuchs laut einer Studie der ARD/ZDF-Kommission der Anteil der Sendungen auf Privatsendern, die Aspekte des

eine Zuschauerin, durchaus mehrere Minuten der Unterhaltung verpassen und dennoch wieder einsteigen kann« (ebd.: 44). Grundsätzlich wurden Momente der »Betroffenheit, Selbstdarstellung und Privatheit« (Mikos 2007: 22) eingesetzt, um das inhaltliche Skandalpotenzial der Sendungen (z.b. *Die neue Lust der Deutschen – Sadomasochismus*[6]) und damit auch die Zuschauerzahlen in die Höhe zu treiben. Die teilnehmenden Gäste erhielten im Gegenzug zu ihrer preisgegebenen Geschichte ein kleines Honorar (z.b. 200-300DM bei *Hans Meiser*) und mussten meist eine Erklärung über den Wahrheitsgehalt ihrer Aussagen beim Sender unterschreiben, wodurch RTL nach eigener Einschätzung ein »wasserfestes System« (Meiser 2002: 132) gegen Lügengeschichten und sogenannte *Talk-Show-Hopper* (ständig in anderen Sendungen auftauchende Gäste) etablieren konnte. Meiser räumt ein, aufgrund der Zurückhaltung des deutschen Studiopublikums seien er und sein Team auch sehr bald dazu übergegangen, einzelne vorher eingeweihte Publikumsgäste gezielt einzuladen, die dann Vorgaben erhielten, wann sie sich zu Wort melden sollten (vgl. ebd.: 133). Die *Daily Talkshow* kann damit als »offenes Angebot zwischen Authentizität und Inszenierung« (Mikos 2007: 24) verstanden werden, in dem das Auftreten der Gäste als »performativer Akt« (ebd.) gelten muss.

Für großes mediales Aufsehen sorgte eine Welle der moralischen Empörung im öffentlichen Diskurs, die im Jahr 1998 ihren Höhepunkt fand: Das Nachmittagsprogramm wurde vor allem dafür angeprangert, auf sensationslüsterne Art und Weise das Wohl und die Sittsamkeit der Kinder zu gefährden (z.B. die Kampagne »STOP!« vom Landesfamilienrat Baden-Württemberg[7]). Der hohe öffentliche Druck veranlasste den Verband privater Rundfunk und Telekommunikation (VPRT) schließlich zur Aufstellung freiwilliger Verhaltensgrundsätze, die u.a. den_die Moderator_in für die Einhaltung moralisch-ethischer Grundsätze zur Verantwortung zieht (vgl. Spetsmann-Kunkel 2004: 49). Dem medialen Aufschrei folgte eine sukzessive Abnahme des Zuschauer_inneninteresses, welche das Format im Jahr 2000 in eine Quotenkrise stürzte, sodass alle *Daily-Talk*-Sendungen peu à peu bis zum Jahr 2013 eingestellt wurden (vgl. Schröder 2013).

Die programmatische Entwicklung, die sich schon länger im Genre des *Daily Talks* zeigte, ist die Zuspitzung innerhalb einer Sendung auf die Austragung eines »lebensweltlichen Konflikt[s]« (Grimm 1999: 69) vor Publikum, welche dazu beiträgt, der Zuschauerschaft eine vermeintlich noch realistischere und

---

Privatlebens thematisieren durchschnittlich auf über 50 Prozent (ProSieben: 61%; RTL: 57%; Sat.1:43%) (vgl. Krüger 2001: 222).

6   Sendung *Hans Meiser* vom 13.01.1993 (vgl. Meiser 2002: 134)

7   Auszug aus dem Kampagnenblatt »STOP!«: »STOP! Wir wollen nicht, dass unsere Kinder am Bildschirm erfahren, – wie man am besten zum Orgasmus kommt, – dass Männer Schweine sind, – wie man Piercing und Branding macht« (zit. n. Spetsmann-Kunkel 2004: 45).

emotionalere Performanz zu präsentieren und damit einen Trend »in Richtung von *Live-Life-Dramen* im doppelten Wortsinn der *Live-Darbietung* eines Lebensdrama[s]« (ebd., Hervorh. i. O.) begründet. Diese Entwicklung setzte sich konsequent mit dem Erscheinen eines neuen Formats im Oktober 2000 fort: der *Gerichtsshow* – und im Abendprogramm mit der viel diskutierten Sendung *Big Brother* (RTL2). Die erste Gerichtsshow *Richterin Barbara Salesch* (Sat.1) läutete den Erfolg eines konkurrenzfähigen Produkts ein, das schon bald viele vormalige Sendeplätze des *Daily Talks* einnahm. Im Unterschied zur *Daily Talkshow*, die in Erzählepisoden scheinbar *reale Menschen* häppchenweise auf der Bühne vor einem Publikum inszenierte, arbeitet die *Gerichtsshow* ganz offen mit Laiendarsteller_innen und Skripten. Die Moderator_innen haben darüber hinaus nun meist berufliche Rollen außerhalb des medialen Rahmens (hier: Richterin) inne und die Anwesenheit eines Studiopublikums ist kein notwendiges Charakteristikum mehr. Die vierte wesentliche Differenz zum Vorgängerformat besteht in der sogenannten *Zielspannung*, d.h. die Ausrichtung der Sendung auf einen dramaturgischen Höhepunkt bzw. Konflikt, der dann durch ein präsentiertes Ergebnis (hier: Gerichtsurteil) gelöst wird (vgl. Labitzke 2009: 37). Auch die bis 2005 drei letzten verbliebenen Talkshows *Die Oliver Geissen Show* (RTL), *Britt – der Talk um Eins* (Sat.1) und *Vera am Mittag* (Sat.1) passten sich der Entwicklung an, indem sie Momente der *Zielspannung* integrieren wie z.B. das zu Sendungsende präsentierte Ergebnis eines Vaterschaftstests (vgl. ebd.: 38). Der damalige Chef der Sat.1-Unterhaltungssparte Matthias Alberti konstatiert, dass

> bis zur Einführung der Courtshow die sogenannten ›Real People‹ in der Daytime vor allem die Gäste in den täglichen Talkshows waren, sind die heutigen ›echten Menschen‹ Leute aus spannenden, aus faszinierenden Berufen wie eben Richter, Psychologen, Kommissare, Privatermittler (Alberti 2003: 9).

Seit Mitte der 2000er-Jahre setzten sich Hybridformate durch, die einerseits Elemente der *Gerichtsshow* einsetzen (Laiendarsteller_innen, Zielspannung, außermedialer Moderator_innenberuf) und andererseits bemüht sind, den realitätsnahen Touch der *Daily Talkshow* beizubehalten (zentrale Stellung des Gesprächs) (vgl. Labitzke 2009: 39ff). Zu Beginn wurde der fiktionale Charakter der neuen Hybridformate oft noch verschleiert, wie im Fall der angeblich realen Schüler-Dokuserie *Die Abschlussklasse* (ProSieben, 2003), in der die Schüler_innen ihren vermeintlich realen Schulalltag selbst filmten und der Sender erst später einräumte, dass die Sendung *gescripted* war (vgl. ebd.: 39). Die Neuorientierung nach dem abflauenden Interesse an *Daily Talk* und *Gerichtsshows* zeigt sich in der Vielfalt neuer hybrider Produkte, die auf den vergangenen Erfahrungen der Sender aufbauen. Erstens entstand die *Makeover-Show*, in der eine Institution (Architekten, Personal Trainer etc.) im Sinne eines Vorher-Nachher-Vergleichs eine gewisse Ordnung umgestaltet (Wohnungen, Körper, Jobqualifikationen), zweitens *pseudo-dokumentarische Formate*, häufig in Form von »Ermittler-Soaps« (ebd.: 42), die vor allem durch eine Kombination dokumentarischer Stilmittel (verwackelte Kameraführung, grobkörnige Nachtaufnahmen, usw.) und einer einen transparenten Produktionsvorgang suggerierenden Erzählform gekennzeichnet ist (z.B. *Die Abschlussklasse* (ProSieben)). Drittens etablierte sich die *Doku-Soap:* Diese oft halbstündigen, fiktionalen Geschichten ähneln den pseudo-dokumentarischen Formaten, zeichnen sich aber durch eine Fokussierung auf die unterhaltsame Darstellung von »vermeintlich ›reale[m]‹ Alltag« (ebd.: 44) aus – oft aus Sicht der Betroffenen, z.b. die Schwierigkeiten im familiären Zusammenleben oder im Ärzteteam einer Klinik (vgl. ebd.: 43). Die Bezeichnung *Scripted Reality*, die in dieser Arbeit Verwendung findet, fasst damit auf allgemeinerer Ebene all diejenigen Formate zusammen, deren Struktur durch eine Vermischung dokumentarischer und fiktionaler Elemente gekennzeichnet ist (vgl. Brauer 2007: 39) und in ihrer konzeptionellen Unschärfe je nach konkreter Ausgestaltung Element von Make-Over, Pseudo-Dokumentation und Doku-Soap kombinierbar macht und somit eine Vielzahl neuer Genre-Bezeichnungen in Umlauf bringt (z.b. Infotainment, Scripted Entertainment, Reality TV). Der Pressesprecher Felix Wesseler der Produktionsfirma *filmpool*, die nach eigenen Angaben aktuell elf *Scripted-Reality*-Formate mit täglich rund 15 Millionen Zuschauer_innen herstellt (vgl. filmpool 2014), betont, dass sein Unternehmen weltweit das erste war, welches im Jahr 2009 mit den Sendungen *Familien im Brennpunkt* (RTL) und *Verdachtsfälle* (RTL) Laiendarsteller_innen in täglichen Produktionen einsetzte. Dabei habe *filmpool* seit Beginn darauf gesetzt, selbst zu casten: zu Beginn noch mit 200 vom Arbeitsamt vermittelten Komparsen und aus dem Bekanntenkreis der Redaktion und im Jahr 2012 schon auf professionellem Niveau mit einem bundesweiten Pool aus 150.000 Menschen, die sich bereit erklären, bei *Scripted-Reality*-Formaten mitzuwirken (vgl. von Gottberg 2012: 36). Von diesem im Vergleich zu den Vorgängerformaten massiv ausgeweiteten Einsatz von Laienschauspieler_innen profitiert die Produktionsfirma einerseits durch die sehr günstigen Produktionskosten (niedrige Gagen, keine Studioaufnahmen), andererseits werden Körper und Habitus der Teilnehmer_innen auf diesem Wege ökonomisch verwertbar gemacht, indem laut filmpool »Laiendarsteller mit ihrer eigenen Sprache eine ganz neue Authentizität in die Sendung« (Wesseler zit. n. von Gottberg 2012: 33) bringen.

Während das filmpool-Management immer wieder betont, dass die meisten Laiendarsteller_innen bei den Produktionen teilnähmen, weil sie »einfach mal aus dem Alltag rauskommen, etwas Neues erleben, in eine andere Rolle schlüpfen wollen« (ebd.), schätzt die Medienwissenschaftlerin Martina Schuegraf, die sich für ihre Habilitation in ein Casting der Firma *filmpool Film- und Fernsehproduktion GmbH* begab, die Beweggründe zur Teilnahme folgendermaßen ein:

> Manche machen es aus Neugierde, um sich zu testen: Schaffe ich es, da hineinzukommen? Ich hatte aber den Eindruck, dass es bei den meisten darum ging, ein

Zubrot zu verdienen. Das Geld spielte schon eine Rolle (Schuegraf zit. n. Linß 2012: 40).

Die geringe Gage (im Jahr 2011 ca. 200 Euro für einen zweitägigen Dreh zzgl. Kost und Logis) und eine zweimonatige Sperre nach einem Auftritt (vgl. Paffendorf 2011) lassen vermuten, dass die Bewerber_innen für eine Teilnahme an *Scripted-Reality*-Formaten selbst aus ärmeren Bevölkerungssegmenten rekrutiert werden. Wesseler schätze sich glücklich, dass die Sendungen in Köln produziert werden, in der Nähe zum Ruhrgebiet, wo man mit den Worten des *filmpool*-Pressesprechers »Leute findet, die Spaß haben, zu sprechen und das Herz auf der Zunge tragen« (Wesseler zit. n. von Gottberg 2012: 35) – und zwar in einem Ballungszentrum, in dem laut Armutsbericht 2013 ca. 19,2% der Bevölkerung von Armut bedroht leben (vgl. Maas 2013).

Betrachtet man die hier skizzierte Entwicklung des Tagesprogramms der Privatsender seit deren Aufkommen mit dem Fokus auf den Einbruch des *Realen* in professionelle Unterhaltungsangebote, zeichnet sich eine dreifache Inszenierung des *einfachen Menschen* ab: Mit Aufkommen der erfolgreichen Innovation des *Daily Talks* im Privatfernsehens in den 1990ern als Gegenstrategie zur Produktion kostspieliger Serien begann *erstens* die Einbindung vermeintlich authentischer *Normalbürger_innen* in den professionellen Fernsehbetrieb. Auch wenn die *Daily Talkshows* nicht selten eher von der Norm abweichende Personen bzw. deren Verhalten in den Vordergrund rückten, blieb die Suggestion einer gewissen Authentizität auf Seiten der eingeladenen Gäste bestehen. Der Eindruck von Authentizität verstärkte sich *zweitens* auch durch das mit dem Aufkommen der *Gerichtsshow* sukzessive Ersetzen der artifiziellen Figur der Moderator_in im *Daily Talk* durch eine im realen Leben verortete Berufsrolle, während die Gerichtsteilnehmer_innen im Sinne einer nachgespielten, realen Szene zunächst noch als Schauspieler_innen auftraten. Nachdem in den 1990ern das als non-fiktional deklarierte Tagesprogramm nun schon Gäste und die moderierende Institution scheinbar aus dem *realen* Leben geholt hatten, gelang mit den *gescripteten* Formaten nun endgültig der Sprung aus dem Studio ins *echte Leben*. Dabei wurden *drittens* erstmals sowohl die richtende Institution (z.B. Lehrer_in, Jugendamt, Ordnungsamt), als auch die Darsteller_innen selbst durch *einfache* Menschen ersetzt, womit diese nicht nur Fokus der Fiktion (z.B. Wie geht eine *normale* Familie damit um, wenn die Tochter mit 13 schwanger wird?[8]), sondern gleichzeitig auch in größerem Umfang Rekrutierungsort für die Produktionen wurden. Paradoxerweise geht die suggerierte Nähe zur Realität (durch dokumentarische Techniken, Rekrutierung von Laiendarsteller_innen) auf narrativer Ebene mit der Fiktionalisierung

---

8   Eine Schwangerschaft im Alter von 13 Jahren wurde z.B. bei Arabella Kiesbauer (ProSieben) in der Sendung »Mutter mit 13« am 12.03.1996 thematisiert (vgl. Krüger 2001: 223).

einher; es werden also mittels *einfacher Menschen* Geschichten erzählt, wie das Leben der *einfachen Menschen* selbst aus einer *gewissen* Perspektive sein *könnte*. Im Hinblick auf die empirische Analyse sollte nun deutlich geworden sein, wie das aus Daily Talk und Gerichtsshow hervorgegangen Scripted Reality Format viel stärker als seine Vorgängerformate (Daily Talk, Gerichtsshow) bewusst mit einem Eindruck von Authentizität spielt und den *einfachen Menschen* ins Zentrum einer Fiktion setzt, welche vermeintlich nah am *realen* Leben alltägliche Geschichten erzählt und dabei massenwirksame Schlaglichter auf eine von Drehbuchautor_innen imaginierte *Realität* verschiedener gesellschaftlicher Klassenlagen wie etwa der *Unterschicht* wirft.

5. Empirische Analyse: *Unterschichtskörper* bei *Familien im Brennpunkt*

Die empirische Analyse soll vor dem Hintergrund der dargelegten Betrachtungen der Frage nachgehen, wie Menschen aus *unteren* Klassenlagen in den untersuchten Folgen in ihrer körperlichen Sphäre dargestellt werden. Dabei fokussiert die Analyse darauf, wie mittels des Körpers als verfügbar gemachte Ressource eines Herrschaftssystems medial wirkungsvolle Bilder der *Unterschicht* mit ihren klassenspezifischen Dispositionen inszeniert werden. Bevor die grobkörnige Strukturanalyse das Filmmaterial als Grundlage für die Feinanalyse auf dessen inhaltliche und dramaturgische Konzeption untersucht und kontextuell einordnet, werden methodische Überlegungen und konkrete Information zu dem behandelten Format *Familien im Brennpunkt* vorgebracht. Die Feinanalyse widmet sich dann im Anschluss im *ersten* Teil dem *körperlichen Ausdruck* und der *Modifikation*, welche anhand von Sprache/Artikulation, Mode/Modifikation und Körpersprache eruiert werden, während sich der *zweite* Teil dem Themenkomplex der *Gesundheit* zuwendet und der *dritte* Teil den Umgang mit *Geschlechterrollen* und *Sexualität* in den Blick nimmt.

5.1 Methodische Überlegungen

Im Folgenden soll dargelegt werden, welche methodischen Grundlagen zur qualitativen Analyse des Fallbeispiels *Familien im Brennpunkt* (RTL) im Rahmen dieser Arbeit gesetzt werden. Die hier angewandte Vorgehensweise zeichnet sich durch ihren ausgeprägten explorativen Charakter aus und orientiert sich einerseits an der Kritischen Dispositivanalyse nach Jäger und ergänzt sie durch Anleihen aus klassischen Filmanalysen. Damit dienen einerseits diskurstheoretische Grundlagen der Foucault'schen Tradition als methodisches Fundament, um einen erweiterten Blick auf die Hierarchisierung gesellschaftlichen Wissens in die Analyse des Fallbeispiels zu integrieren; andererseits können Werkzeuge der klassischen Film- und Videoanalyse (wie die Berücksichtigung von Kameraperspektiven, Timing, Off-Kommentierungen usw.) fruchtbare Einblicke in filmspezifische Arrangements liefern, die in der Kritischen Diskursanalyse als solche (noch) nicht operationalisiert sind.

Zentraler Angelpunkt der Kritischen Diskurs- und Dispositivanalyse (KDA) bildet Michel Foucaults Thematisierung des Verhältnisses zwischen Wissen und Macht, welche besonders in seiner Schrift *Archäologie des Wissens* (1969) im Vordergrund steht. Foucault konstatiert darin, dass sich gesellschaftliches Wissen in ständig ausgefochtenen Machtkämpfen als temporäre *Wahrheit* etabliert, wobei es genauer »um den Status der Wahrheit und um ihre ökonomisch-politische Rolle« (Foucault 1978: 53) geht. In diesem Aushandlungsspiel übt der gesellschaftliche *Diskurs* eine materiell wirksame Macht auf soziale Konfigurationen aus und schafft auf diese Weise »Praktiken [...], die systematisch die Gegenstände bilden, von denen sie sprechen« (Foucault 1995: 74). Der *Diskurs* ist damit als »strukturierte (regelgeleitete) und strukturierende kommunikative Praxis« (Ullrich 2008: 22) zu verstehen, welche das Wissen um die Deutung von Wirklichkeit koordiniert. Das diskursive Wissen ist nicht auf sprachliche Äußerungen beschränkt, sondern ist Teil der menschlichen Wahrnehmungs- und Handlungspraxis und steht damit im direkten Zusammenhang mit geschaffenen Artefakten und dem vermeintlich *Natürlichen* (und dessen Grenzen) (vgl. Jäger/Zimmermann 2010: 52). Im *Dispositiv* vereinen sich die diskursiven Praxen (wissensbasiertes Denken und Sprechen), nicht-diskursive Praxen (wissensbasiertes Handeln) sowie Gegenständliches (wissensbasierte Sichtbarkeiten) (vgl. ebd.). Ein Dispositiv ist

> ein entschieden heterogenes Ensemble, das Diskurse, Institutionen, architekturale Einrichtungen, reglementierende Entscheidungen, Gesetze, administrative Maßnahmen, wissenschaftliche Aussagen, philosophische, moralische oder philanthropische Lehrsätze, kurz: Gesagtes ebensowohl wie Ungesagtes umfasst. [...] Das Dispositiv selbst ist das Netz, das zwischen diesen Elementen geknüpft werden kann (Foucault 1978: 119f.).

Dispositive sind genau wie Diskurse nicht *einfach so* vorhanden und entfalten zufällig ihre Wirkmacht, sondern sie bilden sich in einem Machtspiel um gesellschaftlich akzeptiertes Wissen als Reaktion auf gesellschaftliche Probleme heraus (vgl. Jäger/Zimmermann 2010: 52) und sorgen dafür, dass spezifische Aussagen »immer wieder gelesen, zitiert, kommentiert und interpretiert werden« (Foucault 1995: 156). Das kritische Potenzial der Diskurs- und Dispositivanalyse ergibt sich einerseits aus der Betonung der inneren Struktur der machtförmigen Wissensstrukturen – die Thematisierung geschieht nie unabhängig vom diskursiven Kontext – und andererseits aus der Reflektion nicht-thematisierter Inhalte – dessen, was als *nicht sagbar* oder *denkbar* gilt (vgl. Ullrich 2008: 22). Die Auslotung dieses »Sagbarkeitsfeldes« (Jäger 1992: 8) impliziert eine zugrundeliegende hegemoniale Vorstellung gesellschaftlicher Grenzziehungen, welche im »diskursive[n] ›Gewimmel‹« (Jäger 2006: 86) definieren, was als *konform* oder *normal* gilt und welche Äußerungen und Praxen damit als außerhalb der Wissensordnung liegend *nicht-konform* bzw. *anormal* gelten. Diese Grenzziehungen arbeiten oft mit »kulturelle[n] Stereotypen [...], welche kollektiv tradiert und benutzt werden« (Drews et al. 1985: 265) und stellen den Menschen – besonders durch mediale Repräsentationen – einen Vorrat an Bildern und deren hegemonial durchwirkten Deutungen zur Verfügung (vgl. Jäger 2006: 86).

Genau dieses analytische Potenzial der Kritischen Diskursanalyse (KDA) soll in der vorliegenden Arbeit Eingang finden, obgleich im Rahmen dieser Arbeit nicht der Anspruch erhoben werden kann, einen ganzen Diskurs(-strang) zu rekonstruieren. Darüber hinaus arbeitet die KDA bisher (fast) ausschließlich mit textuellen Daten, was jedoch nicht an einer generellen theoretischen Inkompatibilität liegt – sondern im Gegenteil als eine sinnvolle Erweiterung der KDA verstanden werden kann, da (bewegte) Bilder Wahrnehmungsoptionen schaffen, die »etwas sichtbar [machen] und [...] anderes unsichtbar werden« (Jäger 2012: 67) lassen. Bilder sind demnach genau wie sprachliches Wissen Teil von Dispositiven und setzen qua Sichtbarkeiten »politische Relevanzen« (Holert 2000: 18) und wirken konstituierend auf kollektive und individuelle Subjekte ein (vgl. Mayerhauser 2006: 76). Besonders massenmedial verbreitete Bilder stellen auf diesem Wege gesellschaftlich wirksame Orientierungsangebote (und -imperative) im Sinne der »Führung von Führungen« (Foucault 1994: 255) bereit (vgl. Jäger 2012: 67). Aufgrund der wissenschaftlich bisher wenig erschlossenen Ausweitung kritischer Diskursanalysen auf Filmmaterial sowie der betonten Offenheit der Methode, die im Sinne Foucaults als »Werkzeugkiste« für eigenständiges und kreatives Arbeiten fungiert (vgl. Jäger 2009: 121), können Elemente und Herangehensweise der KDA einen fruchtbaren Impuls für den hier verwendeten Methodenmix liefern und dem explorativen Anspruch der Analyse gerecht werden. Es geht dabei um das kontextberücksichtigende Aufzeigen und Einordnen medial abrufbaren impliziten Wissens, welches hegemoniale Deutungen in sich trägt, – und somit schließlich um das Sichtbarmachen machtförmiger Verstrickungen aus sprachlichen und nicht-sprachlichen gesellschaftlichen Orientierungsmustern im Massenmedium Fernsehen.

Um den filmspezifischen Gestaltungs- und Ausdrucksmöglichkeiten Rechnung zu tragen, ist es wichtig, auch die filmimmanenten dramaturgischen Elemente nicht aus dem Blick zu verlieren, da sie maßgeblich den Deutungshorizont des Gezeigten/Gesagten und des Nicht-Gezeigten/Gesagten definieren. Also z.B. warum wird an welcher dramaturgischen Stelle und an welchem Ort diese bestimmte Figur *gezeigt*, die ein bestimmtes gesellschaftliches Vorwissen qua *sozialen Sinn* (Bourdieu) aktiviert und *nicht* eine andere? Aus dem Spektrum der Filmanalyse können dabei besonders methodische Elemente der Handlungs-, Figuren- und Bauformanalyse (vgl. Faulstich 2008) zweckdienlich sein. Die Methoden der Filmanalyse unterstützen damit die Sichtbarmachung impliziten Diskurswissens mittels der Reflektion und Analyse filmimmanenter Besonderheiten (Narration, Kameraperspektive usw.).

Insgesamt soll also vor dem Hintergrund der dargelegten methodischen Überlegungen aufgedeckt werden, welche stereotypen Bilder und Deutungen über den *Unterschichtskörper* in den ausgewählten Folgen von *Familien im Brennpunkt* (RTL) konstruiert werden. Für die Untersuchung wurden gezielt zwei Folgen[9] ausgewählt, die sich schwerpunktmäßig mit dem Familienleben

---

9   Die Folge F1 wurde am unter dem Titel »19-Jähriger geht seine Zukunft komplett falsch an« am 29.08.2013 (10:30Uhr) ausgestrahlt, während die Folge F2 unter dem Titel »Engagierte Lehrerin spaltet Arbeiterfamilie« am 17.09.2013 (10:30Uhr) auf dem Sender RTL gesendet wurde.

der *Unterschicht* auseinandersetzen und daher exemplarisch erste Einblicke in spezifische Darstellungen der *Unterschichtskörper* liefern können. Die beiden ausgewählten Folgen thematisieren daher explizit das Leben von Familien, die von Langzeiterwerbslosigkeit betroffen sind und vom einleitenden Setting klar einer prekären sozio-ökonomische Lage zuzuordnen sind (z.b. Hochhaussiedlung, fehlendes Kinderzimmer usw.). Eine quantitative Einordung dieser spezifischen Inszenierungen in den diskursiven Gesamtkanon der Sendung kann im Rahmen dieser Arbeit nicht geleistet werden, wenn auch davon auszugehend ist, dass jedes einzelne Element in seiner massenmedialen Wirkungsmacht diskursrelevante Denkfiguren enthält.

Inhaltlich wird der Schwerpunkt auf den Körper als umkämpftem Ort des hegemonialen Wissens gelegt und anhand der folgenden drei besonders zentralen körperlichen heuristischen Kategorien exploriert: *Erstens* soll ein Schwerpunkt auf den körperlichen Aspekt der *Modifikation* gesetzt werden, d.h. also die dargestellte Körperformung und deren vielseitigen Manipulation(en), weil der Körper in seiner leibvergessenen Objektivierung als Symbol sozialer Herkunft eine materialisierte Oberfläche darstellt, die bei der Betrachtung ein vom *sozialen Sinn* (Bourdieu) geleitetes implizites Wissen vermittelt. Im Anschluss soll *zweitens* genauer in den Blick genommen werden, wie in den Sendungen auf das Dispositiv der *Ernährung* rekurriert wird, da die Art und Weise und die Wahl der Lebensmittel – wie schon in Bourdieus *Die feinen Unterschiede* (1979) thematisiert – wichtige Einblicke in die diskursive Beschaffenheit massenmedial gezeichneter *Unterschichtskörper* geben kann. Den dritten und letzten Schwerpunkt der Analyse stellt der Komplex der *Geschlechterrollen und Sexualität* dar, welcher sich im weiteren Sinne auf die Darstellung von Körper- und Leiblichkeit emotionaler Bindungen im Sinne von *weiblich* bzw. *männlich* konnotierten Rollenbildern bzw. Mustern sexueller Anziehung und Handlung bezieht und eruiert, wie die Menschen, die den *unteren* Klassenlagen zugerechnet werden, diesbezüglich dargestellt werden.

Das zu untersuchende Filmmaterial soll also aus diskurstheoretischer Perspektive inhaltsanalytisch als Fallbeispiel exploriert werden, um herauszufinden, welche hegemonialen Deutungen über die Körperlichkeit der *Unterschicht* im konkreten Fall der beiden ausgewählten Folgen der Sendung *Familien im Brennpunkt* gezeigt werden. Es ist dabei klar, dass diese Form der qualitativen Analyse nicht darauf abzielt, *die eine wahre* Interpretation für sich in Anspruch zu nehmen, gar allgemein gültige Aussagen über das private Nachmittagsfernsehen oder den ganzen *Unterschichtsdiskurs* als solchen zu treffen. Vielmehr soll unter Berücksichtigung des diskursiven Kontextes (im Speziellen der *Aktivierungsprogrammatik* und des *Unterschichtsdiskurs*) ein erster Schritt gegangen werden, um die im Beispiel entdeckten Stereotype differenziert einzuordnen bzw. ggf. vom hegemonialen Aktivierungsdiskurs abzugrenzen und damit einen Ausschnitt gesellschaftlichen Wissens über den *Unterschichtskörper* im wahrsten Sinne des Wortes sichtbar zu machen.

5.2 Hintergründe zum untersuchten TV-Format

Die jeweils 45-minütige TV-Sendung *Familien im Brennpunkt* (FiB) wird seit dem 31. August 2009 auf dem Privatsender RTL täglich ausgestrahlt. Verschiedene Folgen des Formates sind derzeit wochentags dreimal täglich zu sehen (9:30 Uhr, 10:30 Uhr, 16:00 Uhr) sowie samstags zweimal (08:15Uhr, 15.45 Uhr) und sonntags einmal täglich (04:25 Uhr), sodass sich das Sendevolumen von *FiB* (inkl. der sendungsimmanenten Werbezeiten) auf insgesamt ca. 18 Stunden des RTL-Programms pro Woche beläuft. Unter der Fülle an (Scripted-)Reality-Formaten genoss *FiB* über eine lange Zeit die Marktanteilführerschaft (vgl. Statista 2014) und erreichte trotz tendenziell sinkenden Zuschauerzahlen zuletzt am 25.06.2014 eine überraschenderweise hohe schätzungsweise Zuschauerzahl[10] von etwa 1,26 Millionen Menschen. Die Themen der jeweiligen Folgen drehen sich – wie es der Titel verrät – rund um das Thema *Familie* und präsentieren von Laiendarsteller_innen performte »dramatischste, sich bis ins Absurde steigernde Geschichten« (Götz 2012: 2). Die externe Produktionsfirma *filmpool Film- und Fernsehproduktion GmbH* beschreibt das Format folgendermaßen:

> Die Sendung ›Familien im Brennpunkt‹ begleitet im Stil einer Doku Konflikte unter deutschen Dächern, die Anwälte und Gerichte beschäftigen: Scheidungsdramen, Sorgerechtsstreitigkeiten, Probleme rund um die Anerkennung der Vaterschaft oder Probleme mit Ämtern und Behörden (filmpool o.A.).

Die Sendung *FiB* ist, wie im Zitat erwähnt, von pseudodokumentarischen Techniken gekennzeichnet (Verwendung von Handkameras, Verpixelung von Gesichtern usw.) und kann trotz des zum Ende der Sendung im Abspann erscheinenden Hinweises (»Alle handelnden Personen sind frei erfunden«, Götz 2012: 2) als ein »Spiel mit der Realität« (ebd.) beschrieben werden. In jeder Folge werden verschiedenste Konfliktsituationen aufgeworfen, die sich in ihrer Drastik meist im Laufe der Sendung steigern und mit einer – wie im Kapitel Zwei als typisches Element der *Zielspannung* behandelt – Konfliktlösung in Form einer Gerichtsverhandlung ihren Höhepunkt und (damit meist ein *Happy-End*) finden (vgl. ebd.: 4). Die Produktionsfirma bewertet diese für *FiB*-charakteristische Schlussgerichtsverhandlung als »letzte Instanz [,die] den Weg vorgibt, wie Eltern und Kinder ihr Leben zukünftig zu meistern haben« (filmpool o.A.).

---

10   Die Zuschauerquoten basieren auf dem umstrittenen Quotenverfahren, welches laut der damit beauftragten Gesellschaft für Konsumforschung (GfK) in einem »repräsentativen Panel« aus 5640 deutschen Haushalten ermittelt wird und dann auf die Gesamtzuschauerzahl hochgerechnet wird und als zentrales Beurteilungskriterium für den Erfolg einer Sendung gilt (vgl. GfK 2005: 6ff.).

5.3. Inhalts- und Strukturanalyse

5.3.1 Familie Rotkowski

Die Folge F1 befasst sich mit einer einkommensschwachen Familie, die in beengten Verhältnissen lebt und deren erwerbsloser Sohn Spencer Rotkowski seinen Hauptschulabschluss vor einiger Zeit abbrach, weil nur »Heinis« (F1,1(1)) zur Schule gingen. Seine Großmutter Waltraud und seine Mutter Jutta teilen diese Ansicht und unterstützen Spencer darin, seinen Körper stattdessen für den Beruf des *Türstehers* zu stählen, während der getrennt lebende Vater Lutz mit seinen letzten Sparreserven von eintausend Euro seinen Sohn dazu bewegen will, doch wieder die Schule zu besuchen. In der fortlaufenden Handlung beendet Spencers feste Freundin Pamela kurzerhand die Liebesbeziehung zu Spencer, weil sie keinen »Loser« (F1, 12(13)) ohne Schulabschluss an ihrer Seite wolle. Spencer findet Trost bei seiner Mutter und Großmutter und seinem besten Freund Stefano, mit dem er gerade im Fitnessstudio trainiert, als seine Ex-Freundin Pamela mit ihrer Freundin Peggy zu ihnen stößt.

Im Gegensatz zu Pamela, die auf Spencer abschätzig herabblickt, bewundert Peggy ihn, weil Spencer seinen Traum (*Türsteher* zu werden) ausdauernd verfolge und nimmt seine spontan geäußerte Einladung für den Diskobesuch am Wochenende freudig an. In einem anstehenden Vorstellungsgespräch mit dem Chef einer Security-Firma führen Spencers fehlender Berufsabschluss und sein angeberisches Verhalten zu einer Absage. Waltraud Rotkowski schlägt Spencer und seinem Freund Stefano daraufhin vor, sich selbstständig zu machen und ist ihnen bei der Beschaffung der professionellen Ausrüstung behilflich, wobei sie vom Kaufhauswachdienst beim Diebstahl entdeckt wird. Am folgenden Wochenende provoziert Spencer einen Streit mit dem Türsteher Zander Starck, weil dieser ihnen den Eintritt in die Diskothek verweigert und wird schließlich von ihm niedergerungen.

Trotz dieser Erlebnisse bleibt Spencer optimistisch, verteilt trotz spöttischer Kommentare mit Stefano Werbeflyer für ihr Security-Unternehmen und beginnt eine Beziehung mit Peggy. Bald darauf absolvieren Spencer und Stefano ihren ersten Wachdienst an der Garderobe des Altenheims, bei dem Spencer im Übereifer einen älteren Herrn anfällt und eine Anzeige wegen Körperverletzung riskiert. Am selben Tag verabreicht Stefano Spencer Anabolika, damit dieser schnell die nötige Muskulatur eines respektablen *Türstehers* ausbilde und lagert ohne dessen Wissen mehrere Kartons voller Steroide in Spencers Zimmer. Als Spencer am Abend aufgrund der Überdosis Anabolika ins Krankenhaus eingeliefert wird, ist Familie Rotkowski wütend auf Stefano und fühlt sich hintergangen. Die in der folgenden Woche erfolgende polizeiliche Hausdurchsuchung bei den Rotkowskis zieht schließlich eine Anzeige wegen Rauschmittelbesitzes für Spencer nach sich, welche mit einer Geldstrafe gegen ihn und einer Freiheitsstrafe gegen seinen Freund Stefano geahndet wird.

In der Folge F1 wird entlang der familiären Konstellation von Mutter-Großmutter-Sohn einerseits und Vater andererseits der zentrale moralische Grundkonflikt ausgetragen, welche schulische Laufbahn für einen 19-Jährigen erwerbslosen Jugendlichen aus der *Unterschicht* der gesellschaftlich als richtig bewertete Weg darstellt (vgl. *Abb.1*).

Abb. 1 Figurenkonstellation Familie Rotkowski

„Jutta Rotkowski (42) blockt alle Einwände ihres Noch-Ehemanns ab"

„Lutz Rotkowski (41) will sich trotz aller Sorgen um Spencer kümmern"

„Waltraud Rotkowski (66) findet ihren Enkel sehr attraktiv"

„Spencer Rotkowski (19) glaubt, ohne Schulabschluss reich zu werden"

„Pamela Holler (17) nimmt ihren Ex-Freund nicht mehr ernst"

„Pamela Sollmann (17) Freundin von Pamela"

„Stefano Donna (19) Bester Freund von Spencer"

„Rolf Mann (46) hält Spencer für ungeeignet"

Quelle: Eigene Darstellung

Spencers Mutter und Großmutter sowie seine Freundin Pamela und sein bester Freund Stefano unterstützen Spencers Position, dass er seinen Körper weiter trainieren solle, um ein guter *Türsteher* zu werden anstatt seinen Schulabschluss nachzuholen. Vater Lutz bildet dazu auf familiärer, Ex-Freundin Pamela auf freundschaftlicher und Rolf Mann auf professioneller Ebene den Konterpart. Die Charaktere lassen sich der binären Pro-Contra-Ordnung ausnahmslos eindeutig zuordnen; sie zeigen keine inneren Widersprüche oder tieferliegenden Ambiguitäten auf. Auf diese Weise werden die Figuren Teil eines Kammerspiels gesellschaftlicher Argumentation und treten in ihrer Individualität zurück. Das bedeutet keinesfalls, dass die Debatte um Spencers beruflichen Werdegang dabei sachlich geführt würde, sondern sie zeichnet sich im Gegenteil durch eine hohe emotionale Intensität aus (vgl. F1, 8; F1, 6; F1, 28).

Der dramaturgische Aufbau entspricht einem klassischen aristotelischen Aufbau in fünf Handlungsphasen (siehe *Abb. 2*): Das in der ersten Sequenz dargelegte Problem (kein Hauptschulabschluss, erwerbslos) steigert sich im Laufe der Sendung zu einer Krise, die sich auf alle drei Handlungsstränge ausweitet, bevor sie ins retardierende Moment übergeht, in dem sich die Lösung langsam abzeichnet und im Happy End (Wiederaufnahme der Schule) mündet. Der Antiheld Spencer Rotkowski durchlebt auf der Ebene der Erwerbsarbeit, die den primären Handlungsstrang der Folge markiert, immer wieder berufliche Misserfolge, was zur Konsequenz hat, dass sich seine zwei Freundinnen nacheinander von ihm trennen. Der direkte Bezug der Freundinnen auf seinen Status als Verlierer (»Loser« (F1, 12(13)), »Lappen« (F1, 8), »Penner ohne Job« (F1, 8)) als Grund für die Beendigung der Beziehungen transportiert den Subtext, dass beruflicher Erfolg im dargestellten Milieu die Voraussetzung für eine intakte Liebesbeziehung darstellt und damit nicht nur im zeitlichen Verlauf (erst beruflicher Misserfolg, dann Trennung), sondern auch in der inhaltlich-logischen Handlungssphäre als der Ebene der Erwerbsarbeit nachgelagert angesehen wird (beruflicher Misserfolg, deshalb Trennung). Die zweite negative Folge von Spencers beruflichem Scheitern ist das Entgleiten aus dem bürgerlich-rechtlichen Rahmen hin zum kriminellen Drogenkonsum und -lagern, welches im dritten Handlungsstrang zum Ausdruck kommt.

Abb. 2 Handlungsstruktur Familie Rotkowski

Handlungsstrang Erwerbsarbeit	Handlungsstrang Liebesbeziehung	Handlungsstrang Kriminalität	
Abbruch Hauptschule			Problementfaltung
	Pamela beendet Beziehung Annäherung Peggy		
Misserfolg Vorstellungsgespräch			Steigerung
	Misserfolg Diskothek		
Firmengründung			
	Peggy = neue Freundin		
Misserfolg mit Firma (Altenheim)			
	Peggy beendet Beziehung		
		Stefano = kriminell Anabolika-Überdosis Drogenfund im Zimmer	Krise
	Peggy bleibt dabei		Verzögerung
		Gerichtsurteil	
Reue → Schule + Ausbildung			Happy End

Quelle: Eigene Darstellung

Der Umstand, dass sich Spencer der Illegalität seines Handelns durchweg nicht bewusst ist, unterstreicht seine Rolle als Antiheld, der als Protagonist unschuldig in die vom *Normalverhalten* abweichenden Situationen hineingezogen wird, weil er durch seine fehlende Schulbildung geistig nicht in der Lage zu sein scheint, Stefanos Handeln angemessen im Sinne eines *allgemeinen Menschenverstandes* zu bewerten (vgl. z.B. F1, 42[2]; F1, 45(45)). Erst als Spencer unwissend im Feld des *kriminellen* Handelns agiert, kann der Staat ihm in Form der gerichtlichen Instanz auf den *rechten Weg verhelfen*. In der Auseinandersetzung mit seiner Straftat bereut Spencer nicht in erster Linie sein justiziables Handeln (Drogen-konsum und -handel), sondern hauptsächlich seine im ersten Handlungsstrang thematisierte Verweigerung des gesellschaftlich als sinnvoll erachteten Einsatzes seiner Arbeitskraft (Schulabschluss, dann Ausbildung) zugunsten einer Selbst-verwirklichung als *Türsteher,* was laut Ex-Freundin Pamela einer »Eintrittskarte […] in Hartz IV« (F1, 30) gleichkäme. Nun, die Seiten gewechselt, wendet sich Spencer zur Aktivierungsideologie hin und fügt sich dank der staatlichen Inter-vention und Läuterung in den für ihn vorgesehenen Weg als Kfz-Mechaniker ein und selbst seine Ex-Freundin Peggy findet sein Verhalten plötzlich »fast erwachsen« (F1, 51(53)). Laut dieser Lesart kann Spencer erst mit der staatlich initiierten Umorientierung im Sinne einer aktivierenden Programmatik dem Status des unschuldigen, dummen Kindes entwachsen und sich zum *normalen (mündigen) Mann* ermächtigen. Des Weiteren kommt es mittels der parallelen Handlungsstränge zu einer inszenatorischen Verschiebung von Ursache und Folge: Das im Hauptstrang angelegte *Fehlverhalten* (keine Bildungsaspiration) wird symbolisch auf der Ebene der *Kriminalität* bestraft und bedeutet in der logischen Konsequenz *nicht* den vorsichtigeren Umgang mit Drogen, sondern die Rückkehr zur Hauptschule (vgl.F1, 56[1]). Die Tatsache, dass Lutz Rot-kowski als Verkörperung des *Mindestmaßes an Menschenverstand* – da er im Gegensatz zum Rest der Familie an die Institution der *Schule* als Wegbereiter für ein *erfolgreiches Leben* glaubt (vgl. F1, 1(3), F1, 6(9)) – von seiner Ex-Partnerin Jutta als »Jammerlappen« (F1, 28(29)) bezeichnet und nicht ernst genommen wird, konstruiert dabei in umgedrehter Perspektive die *Verschrobenheit* der *Un-terschichtsfamilie* Rotkowski. Das, was bei dem_der Zuschauer_in als gängige Diskursmeinung geläufig sein dürfte (Schule ist wichtig), wird im filmischen Perspektivwechsel als *Outsider*position inszeniert, was den_die Zuschauer_in auf seine_ihre eigenen Emotionen zurückwirft und die Moralvorstellungen der ganzen Familie Rotkowski (außer Lutz) als abweichend und *falsch* markiert. Diese Polarisierung zwischen moralisch *richtigem* und *falschem* Verhalten ein-zelner Personen(gruppen) wird dem Publikum neben dem inhaltlich-logischen Aufbau durch zwei angewandte Filmtechniken erleichtert. Einerseits werden die Szenen wie Klammern von *Off-Kommentaren* zusammengehalten. Die Kommentare fassen im Stil eines allwissenden Erzählers Gesehenes zusammen, greifen der Handlung vor und erlauben Zeitsprünge. Der Off-Kommentar transportiert in diesem Fall eine eindeutige moralische Haltung und fungiert als Bewertungsinstanz, die subtile Interpretationsmöglichkeiten entsprechend der als hegemonial und richtig bewerteten Meinung kanalisiert. So wird etwa das im hegemonialen Sinne widerständige, d.h. von der Norm abweichende Verhalten der Familie Rotkowski, seinem Sohn als *Türsteher* eine Selbstverwirk-lichung entsprechend seinem »Talent« (F1, 1(2)) ermöglichen zu wollen, weil Schule »Blödsinn« (F1, 1(2)) sei, folgendermaßen kommentiert:

> Off: In diesem Mehrfamilienhaus in Köln ist der neunzehnjährige Spencer Rot-kowski für seine Mutter und seine Oma der Allergrößte. Dabei ist der Jugendliche arbeitslos und ohne Abschluss. Denn die Hauptschule hat er vor Jahren einfach abgebrochen. (F1, 1[1])

> Off: Doch anstatt wie vereinbart die Schulbank zu drücken, bleibt Spencer zu Hause und feilt an einer dubiosen Karriere als Türsteher. (F1, 1[3])

Die Verknüpfung der Aussage, Spencer sei für »seine Mutter und Oma der Allergrößte« (F1, 1[1]) mit dem Zusatz, »dabei« sei er erwerbslos und ohne Schulabschluss erweckt hier den Eindruck, dass die Einschätzung in der Su-perlative (der »Allergrößte«) der Mutter und Großmutter nicht angemessen und *falsch* angesichts der Tatsache sei, dass ihr (Enkel)Sohn im Sinne einer Aktivierungsprogrammatik nicht genug geleistet habe. Was im Sinne des Er-zählers und damit in diesem Fall der hegemonialen Meinung nach die richtige Alternative zu Spencers »dubiosen«(F1, 1[3]), d.h. merkwürdigen und anorma-len Berufsvorstellungen ist, wird kurz darauf auch deutlich: Er solle stattdessen »die Schulbank drücken«(F1, 1[3]). Die zweite Technik, welche die moralische Bewertung des Konfliktes bemüht, zeichnet sich durch die eingestreuten Interviewstücke aus, die mit 56 Stück in der vorliegenden Folge massiv eingesetzt werden und »eine Nähe zwischen Rezipient und Akteur« (Hickethier 1996: 59) aufbauen und auf diese Weise die Innensicht der Akteur_innen in intimer und unmittelbarer Form präsentieren. Dabei wendet sich der_die Sprechende der Kamera (und somit dem_der Zuschauer_in) wie in einer face-to-face Begegnung frontal zu und wird im dokumentarischen Stil mit einer Bauchbinde gerahmt, die den Namen des_r Sprechenden, Alter und dessen_deren zentrale Aussage, Position oder Rolle genauer bestimmt. Mittels dieser Technik werden die Profile der Figuren geschärft und deren Haltungen noch authentischer und greifbarer in Form eines Gesprächs unter vier Augen zwischen Zuschauer_in und Protagonist_in vermittelt. Die Bauchbinden fassen das Gesagte meist zugespitzt und tendenziös zusammen und erleichtern die Einordnung der Charaktere in die Konstellation der Figuren zur Pro- und Contra-Seite. Der abstrakte Konflikt um die Frage, wie Spencer seine Arbeitskraft *richtig* verwerten solle, wird konkret auf die Figuren übertragen, da diese sich eindeutig der einen oder anderen verhandelten Positionen zuordnen lassen und keine Widersprüche oder Ambiguität beinhalten. Dabei tragen Handlungsstruktur und die in den Off-Kommentaren angelegte Bewertung des Konflikts – Spencer solle besser den *normalen* Weg, zurück zur Hauptschule einschlagen statt dem *dubiosen* Job als Türsteher weiter nachzugehen – zu einer unausgewogenen negativen Darstellung der ideologisch *falschen* Seite bei.

5.3.2 Familie Schmitz

Die zweite Folge F2 handelt von den erwerbslosen Eltern Schmitz, die ihrem Sohn James mit allen Mitteln daran hindern möchten, von der Hauptschule auf das für ihn von der Lehrerin empfohlene Gymnasium zu besuchen. Seit seine 15-jährige Schwester mit ihrem Baby aus der Mutter-Kind-Kur wiedergekehrt ist, hat Vater Anton deren Zimmer als Hobbyraum in Beschlag genommen, sodass James mit seiner Schwester und dem Baby beengt in einem kleinen Zimmer leben muss. James ist zudem meist damit beauftragt, sich um das Baby Luna zu kümmern und muss es so auch mit zum Basketballplatz nehmen, wenn er sich mit seinem Freund Jens trifft, welcher der Meinung ist, dass James großes schulisches Potenzial habe, aber durch das Verhalten seiner Eltern an dessen Entfaltung gehindert wird. Es entbrennt ein großer Streit zwischen Vater und Sohn, als Vater Anton sich weigert, seinem Sohn Geld für ein Schulbuch zu geben, weil er sich das Geld selbst verdienen solle. Anton Schmitz vereinbart mit einem befreundeten Waschanlagenbetreiber gegen James' Willen, dass dieser vormittags in einer Waschanlage aushelfen solle statt zur Schule zu gehen, um sich selbst das benötigte Geld zu verdienen. Als James' Lehrerin ihn zufällig bei der Arbeit entdeckt, stellt sie ihn verärgert zur Rede und bietet James einen Job als Nachhilfelehrer an, mit dem er sich das Geld für sein Mathematikbuch verdienen könne. James' Enthusiasmus über die Nachhilfetätigkeit wird gedämpft, als er feststellt, dass sein Vater sein frisch verdientes Geld heimlich nimmt, um davon eine Karte fürs Fußballstadion zu kaufen. Vater Anton ist der Überzeugung, dass er sich nur jenes Geld wiederhole, das im zustehe, dafür, dass er James jahrelang ernährt habe und zeigt sich unnachgiebig gegenüber den Abiturwünschen seines Sohnes, weil er und der Rest der Familie der Meinung ist, dass Lernen »spießig« (vgl. F2, 26) sei und nicht zur Familientradition passe (vgl. F2, 28(30)). Nach dem großen Familienstreit wendet Anton Schmitz sich gegen James' Klassenlehrerin Elstner, die James immer wieder ermutigt, auf das Gymnasium zu wechseln und unterstellt ihr, sie wolle seinen Sohn vereinnahmen und habe ihn die Treppe heruntergestoßen. Als James eine Woche darauf durch ein Sozialkundeprojekt zufällig herausfindet, dass der Familie mehr Geld von der Arbeitsagentur zustehe als sie erhält, gewinnt Mutter Sharona der Schule doch einen gewissen Nutzen ab und meldet ihren Sohn zum Probetag am Gymnasium an. Trotz großem Interesse an den Unterrichtsinhalten lösen die unfreundliche Behandlung der Sekretärin und zwei kurz angebundene Gymnasialschüler, die James am Nachmittag einen Besuch abstatten, bei James grundsätzliche Zweifel aus, ob seine Eltern nicht doch Recht damit haben, dass er nicht in deren Welt passe und besser einer Ausbildung nachgehe. Erst als Lehrerin Elstner die Eltern Schmitz zum Jugendamt vorladen lässt, wo sie von einer Mitarbeiterin darüber aufgeklärt werden, dass der Staat die Kosten für die Ausbildung tragen könne, ändern sie endgültig ihre Meinung und ermöglichen James den Wechsel auf das Gymnasium. Betrachtet man die Figurenkonstellation mit den charakterisierenden Erläuterungen in den Bauchbinden, ergibt sich folgendes Bild (vgl. *Abb.3*):

Abb. 3 Figurenkonstellation Familie Schmitz

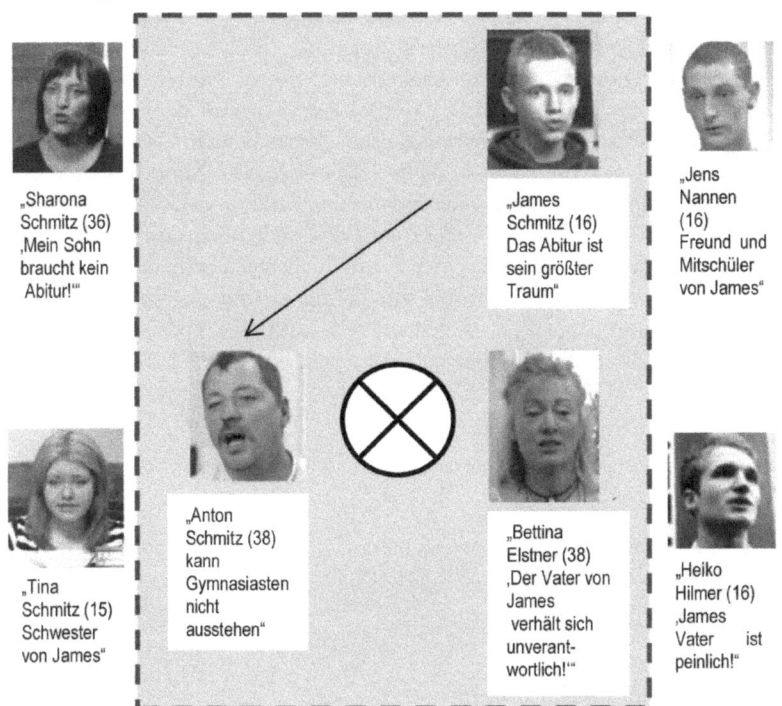

„Sharona Schmitz (36) ‚Mein Sohn braucht kein Abitur!'"

„James Schmitz (16) Das Abitur ist sein größter Traum"

„Jens Nannen (16) Freund und Mitschüler von James"

„Anton Schmitz (38) kann Gymnasiasten nicht ausstehen"

„Bettina Elstner (38) ‚Der Vater von James verhält sich unverantwortlich!'"

„Tina Schmitz (15) Schwester von James"

„Heiko Hilmer (16) ‚James Vater ist peinlich!'"

Quelle: Eigene Darstellung

Der Konflikt um James' Bildungsaufstieg wird in erster Linie entlang der Konstellation Anton Schmitz – Lehrerin Elstner/James Schmitz ausgetragen. Dabei nehmen Anton Schmitz und Bettina Elstner die beiden konträren Positionen ein: Anton Schmitz verteidigt die Ansicht, James solle arbeiten gehen, während Lehrerin Elstner sich dafür einsetzt, James den Besuch auf dem Gymnasium zu ermöglichen. James Schmitz als Protagonist ist hingegen ein ambivalenter Charakter, der in seinen Willensbekundungen zwar eindeutig die Position seiner Lehrerin teilt (Abitur als sein größter Traum), allerdings auch emotional unter dem Konflikt leidet, weil er an seiner eigenen Kompetenz (vgl. F2, 48) und an seiner Integrationsfähigkeit in das *Gymnasiast_innenmilieu* zweifelt (vgl. F2, 46; F2, 45). James' Bekannte Jens und Heiko befürworten, dass James das Abitur machen solle, während James' Mutter und Schwester die Meinung von Anton Schmitz teilen, wonach es der Familie besser ginge, wenn James »einfach einer von uns« (F2, 45) bliebe.

Dramaturgisch lässt sich die Folge ebenso wie die Folge F1 entlang eines Fünf-Phasen-Schemas einteilen: Angefangen bei der Problementfaltung im

Vorspann (Familie Schmitz hindert ihren Sohn am Bildungsaufstieg) steigert sich die Handlung in Form der Verschärfung des Konflikts in allen drei Handlungssträngen. Die nach dem Wendepunkt (Probetag am Gymnasium) folgende Ernüchterung des Protagonisten und dessen vermeintlich endgültige Absage an den Bildungsaufstieg (Krise) löst sich nach dem verzögernden Moment schließlich doch zum Happy End (James besucht Gymnasium) auf (siehe *Abb.4*). Der Grundkonflikt dieser Folge ist eine im Kontext der Debatte um Leistungsgerechtigkeit zu verortende Problematik, in der sich zwei Positionen gegenüberstehen und im Verlauf der Folge verhandelt werden. Einerseits herrscht die Position von James, der Lehrerin Elstner und Jens vor, dass das deutsche Bildungssystem strukturell durchlässig sei und (Aufwärts-)Mobilität vorsieht; dass also James als intelligenter Junge unabhängig von seiner Klassenzugehörigkeit das Abitur absolvieren könne (vgl. F2, 1(5); F2, 1(6); F2, 8(6)).

Abb. 4 Handlungsstruktur Familie Schmitz

Handlungsstrang 1 Familie	Handlungsstrang 2 Schule	Handlungsstrang 3 Freunde	
Abiturwunsch (James)			
Gegenposition (Fam. Schmitz)			Problem-entfaltung
		Jens ermutigt James	
James will Geld für Schulbuch			
Vater arrangiert Job für James			
	Lehrerin ermutigt James		
Angebot für Ausbildungsstelle			
	Lehrerin ermutigt James		
		Belastung mit Baby	Steigerung
Vater nimmt James' Geld fürs Schulbuch			
Sportunfall			
	Lehrerin kümmert sich		
Anton verleumdet Lehrerin			
	James gibt auf		Krise
Probetag im Gymnasium, James fasst wieder Mut			
Sharona streitet mit Sekretärin Anton führt Gymnasiasten vor			
	James gibt wieder auf		Verzögerung
	Lehrerin informiert Jugendamt		
James hilft Gymnasiasten Jugendamt setzt Eltern unter Druck → Abitur			Happy End

■ Klassenidentität
▢ Leistungsgerechtigkeit

Quelle: Eigene Darstellung

Auf der anderen Seite hingegen steht die von der Familie Schmitz durch die Folge hinweg konsequent hervorgebrachte Ansicht, dass man sich an seiner

sozialen Herkunft orientieren solle, dass es also unabhängig vom intellektu-
ellen Potenzial ihres Sohnes James das Beste für alle sei, wenn er das gleiche
Leben wie seine Eltern führe (Hauptschulabschluss, Ausbildung). Im Verlauf
der Sendung setzen Sharona und Anton Schmitz ihren Sohn immer wieder
unter Druck, dass er sich ihrem eigenen Lebensstil anpassen solle und somit
ihrer identitären Zugehörigkeit als *Arbeiter* bzw. *einfacher Mann* gerecht wird.
Diese traditionsbewusste Haltung wird mittels entsprechender Symboliken
und kultureller Rituale der Unterschichtsdebatte (Erwerbslosigkeit kombiniert
mit ausgiebigem Konsum von *Genussmitteln*, keine Bildungsaspiration usw.)
filmisch angereichert und von der Familie Schmitz als Vorwurf artikuliert, James
sei »sei nichts Besseres als die Familie Schmitz« (F2, 26) und dürfe daher nicht
das Gymnasium besuchen, da Lernen nur »Verarsche« (F2, 8) sei und »in un-
serer Familie […] noch nie jemand Gymnasium gemacht« (F2, 1(3)) habe. Die
von der Familie Schmitz positiv besetzte kulturelle Identität als *einfache Leute*
wird durch die Komposition des Filmes gebrochen, da sie dort ausschließlich
als Hindernis dargestellt wird. Mittels der Bewertung in den Off-Kommentaren
wird die intendierte Bewertung des Geschehens weniger dem Publikum selbst
überlassen, als vielmehr explizit von einer übergeordneten Instanz formuliert.
Die Handlungsstruktur fügt sich somit in der Einschätzung des allwissenden
Erzählers artikulierten Haltungen zusammen. Die Analyse der Handlung sowie
der Subtext der Off-Kommentare bringen eine politische Botschaft zum Ausdruck: Die hegemoniale Idee der *Schule* als Garant für Leistungsgerechtigkeit
und damit für James als Chance, den materiell prekären Verhältnissen zu entwachsen, wird durch die Orientierung an der traditionellen *Arbeiterkultur* der
Eltern Schmitz untergraben (»Du sollst n Ausbildungsplatz... dir anschaffen!«,
F2, 10). Ähnlich wie in der Folge F1 bedient sich die Sendung einem konzeptuellen Mechanismus, durch welchen die gesellschaftlich hegemonial verankerte
Idee der Leistungsgerechtigkeit von einem Großteil der zentralen Figuren
kategorisch abgelehnt wird. Die Maxime der Leistung im aktivierenden Kapitalismus – dass es jede_r mit den entsprechenden Grundvoraussetzungen soweit
bringe könne, wie sie_er nur wolle – wird von Familie Schmitz provokant in
Frage gestellt, weil sie ihren Sohn James, der *kann* und *will*, aktiv daran hindert,
legitim im Schulsystem aufzusteigen. Die Off-Kommentare machen das in der
Handlung implizit angelegte sprachlich explizit:

> Off: Damit James den nötigen Abschluss schafft, organisiert ihm die Lehrerin
> Englischnachhilfeunterricht für sechs Euro pro Woche, doch das ist dem erwerbs-
> losen Ehepaar zu viel. (F2, 1[3])

> Off: Der Hauptschüler James Schmitz will den sogenannten 10B-Abschluss ma-
> chen und am Ende des Schuljahrs aufs Gymnasium wechseln. Doch seine Eltern
> sind dagegen und legen dem fleißigen Teenager Steine in den Weg. (F2, 2[1]; F2,
> 3[1])

Einerseits wird somit die Problematik der Undurchlässigkeit des dreigliedrigen Schulsystems nicht als strukturelle Klassenbarriere, sondern als individuelles Fehlverhalten der *Unterschichtseltern* thematisiert, da diese aufgrund ihrer spezifischen Kultur nicht begriffen, dass James durch eine höhere Schulbildung »aus dem Elend hier« (F2, 1(6)) herauskommen könne. Andererseits implizieren Handlungsstruktur und Off-Kommentare, dass die von Familie Schmitz mit Stolz getragene Identität als *einfache Leute* aus der Perspektive der Filmmachenden den symbolischen Sand im Getriebe der Leistungsgerechtigkeit darstellt und wird damit ideell als Teil einer diskursiv negativ besetzten *Unterschichtskultur* umgedeutet.

> Off: Vater Anton und Mutter Sharona sind schon seit längerer Zeit arbeitslos und erhalten Hilfe vom Amt. Trotzdem sind die zweifachen Eltern mit ihrem Leben zufrieden. (Off, F2, 1[1])

Das *Trotzdem* bringt die Empörung der in Kapitel drei skizzierten Unterschichtsdebatte auf den Punkt: Der Zustand der Erwerbslosigkeit wird als *Nicht-Aktiv-Sein* der Eltern Schmitz bewertet und *trotz* der tiefen moralischen Schuld, die sie sich damit gegenüber der Gemeinschaft aufladen, von ihnen selbst als guten Zustand eingeschätzt. Damit nicht genug, verwehren sie ihrem Sohn seine Bildungsbestrebungen, womit sie sich doppelt schuldig an der Gesellschaft machen. In den eingestreuten Interviewstücken wenden sich Anton und Sharona Schmitz direkt an die Kamera und bestärken den Eindruck:

> S: Das muss man sich mal hochrechnen. 24 Euro für Englischunterricht! Wir leben hier in Deutschland. (Sharona Schmitz, F2, 1(4))

> A: Ich hab James 'n Job besorgt. […] Jetzt kann er sich selber das Geld zusammenverdienen wie … für das Mathebuch. (Anton Schmitz, F2, 12(12))

Der Umstand, dass Anton und Sharona Schmitz selbst ohne ersichtliche (gesundheitliche) Einschränkungen präsentiert werden, die sie daran hindern könnten, ihr Leben in der Erwerbslosigkeit, d.h. *Passivität,* zu beenden, lässt Antons Aufforderung an seinen minderjährigen Sohn, sich sein Geld für das Mathematikbuch selbst zu verdienen, noch unangebrachter erscheinen: Es wird der Eindruck erweckt, dass Anton Schmitz selbst die Arbeit scheue, während sein intelligenter und wissbegieriger Sohn auf seine Chancen verzichten solle, dem »Elend« (F2, 1(6)) des Lebens in der *Unterschicht* zu entgehen, damit die Eltern ihr zufriedenes Leben weiterführen können (vgl. F2, 1[1]).

Nachdem die grobe Struktur der beiden Folgen etwas näher untersucht wurde, beschäftigt sich das nächste Kapitel mit der Feinanalyse der im Kontext des explorierten Handlungsschemas inszenierten Dimensionen *Ausdruck, Gesundheit* und *Geschlechterrollen.*

5.4. Feinanalyse der medial inszenierten *Unterschichtskörper*

5.4.1 Körperlicher Ausdruck und Modifikation

Im Folgenden wird der körperliche Ausdruck entlang der folgenden Unterkategorien exploriert: Erstens soll die verwendete *Sprache* der Handelnden in ihrer konzeptuellen Beschaffenheit und ihrem verbalen Verlautbaren in den Blick genommen werden. In einem zweiten Schritt soll der *Mode* bzw. *Modifikation* (begriffen als Veränderung der körperlichen Beschaffenheit) als körperlicher Ausdrucksform nachgegangen werden, bevor im Anschluss die eingesetzte Körpersprache einer genaueren Betrachtung unterzogen werden.

5.4.1.1 Sprache und Artikulation

Die eingesetzte direkte Sprache der beiden porträtierten *Unterschichtsfamilien* weist einige Besonderheiten auf, welche besonders im Kontrast zu den auftretenden Figuren steht, die nicht den *unteren* Klassenlagen zuzurechnen sind (z.b. Lehrerin, Anwältin). Die Sprache in ihrer Konzeption, das heißt unabhängig von der Aussprache und Betonung der Wörter, zeichnet sich auf Seiten der *Unterschicht* erstens durch die häufige fehlerhafte Verwendung von figurativer Sprache aus (dies tritt bei anderen Charakteren, die als materiell besser gestellt erscheinen, nicht auf). So schimpft etwa Anton mit seinem Sohn James, dass er ihn »16 Jahre [...] durchgef...forstet« (F2, 24) habe (statt dem an dieser Stelle inhaltlich naheliegenden *durchgefüttert*) oder Spencer klagt darüber, dass ihm der Wachmann Rolf Mann statt aus dem sprachbildlichen *Hals* »voll aus dem Kopf raushängt« (F1, 21(24)). Auch grammatikalische Unsicherheiten lassen Sprachfiguren im Sinne des normativen Kanons als falsch erscheinen, wenn sich z.b. James mehrfach über seinen Vater beschwert, dass dieser sich »total lächerlich über die [Gymnasialschüler, B.S.] gemacht« (F2, 45) habe. Die falsche reflexive Verwendung des Wortes *lächerlich* bzw. die Verwechslung mit dem Ausdruck *sich über etwas lustig* machen belegen eine Unsicherheit im Umgang mit sprachlichen Regeln. Nicht nur einzelne Wörter werden vertauscht, sondern auch Redewendungen aus ihrem normativen Gefüge gerissen, wenn Spencer in deutlich nicht-ironischer Haltung äußert, dass »andere Frauen [...] auch echt geile Mütter« hätten – im Zusammenhang klar erkenntlich, dass nicht tatsächlich die *Mütter* gemeint sind – und damit den Spruch »andere Mütter haben auch schöne Töchter« aus der Perspektive seiner Figur unbeabsichtigt persifliert. Zweitens verwenden die Charaktere aus den *unteren* Klassenlagen sehr oft die Umgangssprache (z.b. »Kohle« (F1, 5(5), »Heinis« (F1, 1(1)), »Kippen« (F2, 10(8)), »Pommes« (F2, 26)), während dies bei *Mittelschichtsfiguren* kaum auftritt. Dieses Gefälle lässt sich zum Teil dadurch erklären, dass nur die porträtierten Familien in ihrem Privatumfeld gezeigt werden (und daher auch einen weniger formellen Umgangston pflegen), während die dargestellten Figuren aus der *Mittelschicht* meist in ihren beruflichen Rollen einen entsprechend seriösen Duktus verwenden.

Treffen diese beiden Gruppen allerdings – die eine in der Rolle als Familienmitglied, die andere meist als ihrem Beruf nachgehende Person – aufeinander, missachten die Familien Rotkowski und Schmitz drittens oft die normativen Sprachregeln der Höflichkeit, indem sie die Professionellen duzen oder mit umgangssprachlichen Ausdrücken adressieren:

S: Ok, machen Sie's gut, Mann!
(Spencer Rotkowski im Vorstellungsgespräch zum Firmenchef Mann, F1, 16)

S: Ey, was soll das, Alter? Was machst du meine Oma so dumm von der Seite an?! (undeutlich) Was soll das, Mann?
(Spencer Rotkowski zu Securitydienstmitarbeiter Mann, F1, 21)

A: Sie können jetzt das...die Wohnung verlassen. Komm. Ja, tschüss.
(Anton Schmitz zu Lehrerin Elstner, F2 ,5)

Dieser asymmetrische Umgang der beiden Parteien miteinander (distanziert, formell vs. direkt, informell) wird besonders in dem Wortwechsel zwischen Spencer Rotkowski und dem Chef einer Securityfirma deutlich, als dieser im Vorstellungsgespräch die maximale Dauer der Arbeitseinsätze mitteilt:

M: Vierundzwanzig Stunden.
S: Boa, chüsch, ey, das is ja jetzt... schon unnormal. Ohne Schlaf zwischendurch, ey. (Pause)
M: (lacht)
S: Ey, das ist ja voll krass.
M: Ausschlafen können Sie am nächsten Tag.
S: Ey, das ist mir echt viel zu lang, Mann. Aber kriesch nach ner Zeit wenn ich das mache wenigstens mehr Geld, oder?
M: Ja, wenn Sie sich anstrengen und wenn die Arbeit passt und ich mit Ihnen zufrieden bin, dann können wir auch über eine Lohnerhöhung reden.
S: Ja, oke.
L: (nuschelt) Ja, ich hab's dir ja gesagt.
S: Auf jeden Fall,..(nuschelt) ich nehm' den Job gern an. Mir liegt das ja, man sieht's mir ja auch an so. (steht auf)
M: Okay, okay, okay.
S: Dann verabschiede ich mich mal...
M: Da hab ich jetzt noch ein Wort mitzureden. Sie kriegen von mir schriftlichen Bescheid.
(Rolf Mann, Spencer Rotkowski, Lutz Rotkowski, F1, 16)

Spencer Rotkowski verstößt hier einerseits inhaltlich gegen die Konventionen des Vorstellungsgesprächs als Institution der Leistungsgesellschaft (dominantes Auftreten, eigenständiges Beenden des Gesprächs[11]), hinsichtlich der Form löst die (einseitige) Verwendung der Umgangssprache in diesem Fall anders als in der intrafamiliären Verständigung eine klare Distanzierung vom Charakter Spencer als Identifikationsfigur aus, weil er sich im Sinne geltender normativer Vorstellungen offensichtlich *im Ton vergreift* und damit die Erfüllung seines als *dubios* betitelten Berufswunsches als *Türsteher* (vgl. Kapitel 5.3.1) gefährdet. Darüber hinaus wird viertens eine weitere sprachliche Besonderheit augenscheinlich: Spencer sowie alle auftretenden Jugendlichen aus der *Unterschicht* verwenden im Gegensatz zu dem Bildungsaufsteiger James und seinen Freunden aus dem Gymnasium exzessiv die jugendsprachlichen Wendungen als Teil ihres körperlichen Ausdrucks. So schieben Spencer, Peggy und Pamela in ihrer Unterhaltung in fast jedem Satz die Interjektion *ey* und *so* ein und verwenden sehr viele Wörter aus dem Jugendjargon (wie *geil, cool, heftig, Alter, Mann, Junge, Lutscher, chillen, jemanden checken (vgl. F1, 8; F1, 34; F1, 26))*

Pa: Was soll ich mit so einen, der nur sich Weiber klarmachen will und so ne Scheiße. Auf so einen kann ich verzichten.

Pe: (gleichzeitig mit Spencer) Ey, ich check dich gar nicht, Mann.

S: Da musste dich noch dran gewöhnen. Komm chillt mal, Alter.

Pe: Ist doch geil, wenn man Pläne für die Zukunft hat.

[Interview mit Peggy Sollmann]

Pa: Der geht doch nur fremd und was soll ich mit som Lulla, ey.

S: Ich geh doch nit fremd, ey. Was willst du, Mann, ey. Komm!

Pa: Ey, Lappen.

(Peggy, Spencer, Pamela, F1, 8)

Bei den Gymnasialschülern Heiko, Stefan und James dominiert hingegen eine unspezifische Umgangssprache, in der nur spärlich jugendsprachliche Begriffe eingesetzt werden (z.B. *cool, auf etwas Bock haben* (vgl. F2, 48)).

H: Ach, was machst du denn hier?

J: Ach, ich blätter so ein bisschen durch die Physikbücher. Was macht ihr hier? [...]

J: Also der Unterricht ist wirklich cool aber, ich glaub nicht, dass ich zu den Leuten so passe...

S: Klar, passt du zu uns. Ich mein, du bist ja echt n cooler Typ.

J: Ich hab jetzt nicht so gedacht, dass ihr so über mich denkt.

H: Na wir waren ...zwar bei dir ein bisschen komisch, aber das war echt nich böse gemeint.

[Einspieler Interview]

---

11   Dazu vgl. Püttjer/Schnierda 2007: 386.

S: Also, ich find auch, du passt gut in unsere Klasse und ..ähm ja..deshalb
      können wir ja (undeutlich) eigentlich auch noch ein bisschen lernen.
J: Also ich bin dabei. (Alle schauen in ihre Hefte) Ich find das auch echt
      interessant, was ihr so im Unterricht macht.
H: Ja, Physik ist auch total cool. Also ich will später auf jeden Fall mal
      Physiker werden, das steht jetzt schon fest.

(Heiko, Stefan, James, F2, 48)

Im einen Fall werden die erwerbslosen Jugendlichen Spencer, Stefano, Pamela
und die Kioskverkäuferin Peggy als jugendliche Clique aus armen Verhältnissen
inszeniert, die fernab von staatlicher Einflussnahme ihre Freizeit gemeinsam
spaßorientiert verbringt (Diskobesuch, Fitnessstudio, im Kiosk) und in einem
spezifisch einkommensschwachen Umfeld jugendsprachlich sozialisiert wird.
Im anderen Beispiel stehen Heiko, Stefan und James hingegen symbolisch für
die primär durch die bürgerliche Institution der Schule sozialisierten (*Mittel-
schichts-*)Kinder, deren im filmischen Material thematisierten Freizeitaktivitäten
ausschließlich mit schulischen Themen verknüpft sind (James gibt seinem
Freund Jens Nachhilfe, wird oft mit seiner Lehrerin in Zwiegesprächen gezeigt
und trifft seine neuen Mitschüler beim Lernen in der Stadtbibliothek) und die
sich weniger sprachlich von der bürgerlichen Erwachsenenwelt unterscheiden.
Neben jugendtypischer Sprache fällt fünftens auch die Verwendung von vulgärsprachlichen Ausdrücken/Kraftausdrücken im Umfeld der beiden porträtierten
Familien auf:

»verarschen« (vgl. Spencer F1, 12; F1, 6; Stefano F1, 25); »du hast doch echt den
Arsch auf«(Lutz, F1, 6); »Kack« (Pamela, F1, 8); »Scheißgelaber« (Pamela, F, 8);
»Scheiß auf die« (Spencer F1,8); »verpissen« (Jutta, F1, 42); »lass drauf scheißen«
(Spencer F1, 32); »Ich lass mich doch von der nich anpinkeln« (Anton, F2, 28),
»Spießerscheiß« (Tina, F2, 26); »Arsch« (Jens F2, 8(6)); »beschissen« (James F2, 8)

In Kombination mit häufig eingesetzten Maledicta erhält die Sprache sechstens
im persönlichen Umfeld der Protagonisten damit einen aggressiven Grundton:

»Pfeife« (Jutta, F1, 6); »Wurst« (Jutta, F1,6); »Trottel« (Waltraud, F1, 6); »Lulla«
(Pamela F1,8); »Lappen« (Pamela F1, 8); »Penner« (Pamela F1, 8); »alte Ziege«
(Waltraud F1, 23(28)); »Lutscher« (Spencer, F1, 25); »Mistbock« (Jutta, F1, 53);
»Loser« (Jutta; F1, 53); »Feigling« (Waltraud F1, 53)); »Spießer« (Tina, F2,26);
»Streber« (Tina F2, 26; Anton F2, 45); »die Alte« (Anton F2, 28)

Während in der Geschichte um Familie Schmitz insgesamt lediglich fünf be-
leidigende Substantivverwendungen zu finden sind, ist die Folge um Spencer
Rotkowski mit mehr als zwanzig sehr reich an Schimpfwörtern. Einerseits
korrespondiert dieser konfrontative Wortgebrauch mit dem konfliktorientier-
ten Konzept des Scripted-Reality-Formats hin zur *Zielspannung*, andererseits
suggeriert der Umstand, dass emotionale Auseinandersetzungen meist mit
persönlichen Degradierungen und Beschimpfungen einhergehen, einen Mangel
an Affektkontrolle. In den Interviewausschnitten wird dies noch deutlicher:

J: Der Lutz, ne, also das war schon immer so ein Jammerlappen. Sei..äh in zehn Jahren wird der auch noch da sitzen, Angst haben vor irgendwatt Neuem. Jetzt hat er Angst ähm weil unser Sohn sich selbstständig macht, ist wahrscheinlich neidisch, weil er selber gar nichts auffe Kette kriecht. (Jutta, F1, 28(33))

A: Das waren zwei Typen, fühlen sich toll, haben nichts auf der Platte. Und dann noch nicht mal FC-Fans. Wenn James so wird, na dann gute Nacht. (Anton, F2, 44,(47))

Die durchgehenden massiven gegenseitigen Anfeindungen zeugen von einer Ungehaltenheit, die im Gegensatz zu einer auf einer Metaebene reflektierenden *Kultiviertheit* im Umgang mit Konfliktsituationen der außenstehenden Personen steht:

L: Bei Herrn Schmitz scheinen ja im Moment die Emotionen total hochzukochen.
(Lehrerin Elstner, F2, 32(34))

E: Ich hab immer gedacht, dass Securtity-Männer aufpassen sollen, bewachen sollen und nicht einen anfassen. Ich war ja so erschreckt, als der mich in den Schwitzkasten genommen hat.
(Heimgast Ehrenstein, F1, 34(40))

In den beiden Ausschnitten wird deutlich, dass die Lehrerin Bettina Elstner und der Seniorenheimbesucher Hans-Jörg Ehrenstein trotz ihrer augenscheinlichen Empörung auf persönliche Beschimpfungen verzichten und sich stattdessen in ihr Gegenüber hineinversetzen bzw. das tatsächliche mit einem erwarteten Rollenverhalten verbal abgleichen (Securitypersonal *sollte* eigentlich aufpassen), während in den Interviewpassagen von Jutta Rotkowski und Anton Schmitz die eigene Überlegenheit durch die Abwertung des Anderen im Vordergrund steht. Die Impulsivität der Aussagen von Jutta Rotkowski und Anton Schmitz erhält zudem einen negativen Einschlag, da die vehement vorgebrachten Positionen (Lutz liege falsch, weil dieser will, dass sein Sohn die Schule besucht und die Gymnasiasten Heiko und Stefan seien dumm) im offenen Konflikt zu der inszenatorischen Leitlinie und den darin integrierten hegemonialen Vorstellungen steht (wie etwa die Vorstellung, dass die Schule als Institution den sozialen *Aufstieg* ermöglicht, vgl. Kapitel 5.3). Grammatikalisch unvollständige und falsche Sätze seitens der Angehörigen der *Unterschicht* bestärken dabei den Eindruck, dass die Handelnden in ihrem Affekt sprachlich eingeschränkt sind und nicht über die Fähigkeit verfügen, Konfliktsituationen differenziert und (selbst)kritisch zu betrachten.

P: Ey, Türsteher, voll geil!
S: Ja, normal. Siehste. Guck mal, die anderen Dings, Frauen finden das toll und so und du zickst die ganze Zeit nur so rum.
P: Ja, ich bin keine Zicke.

S: Und außerdem, als Türsteher, so die Nummern fliegen so einem nur da zu, ey. Du musst..bist echt so n geiler Hecht so als Türsteher so.[…]

P: Ey, was..was soll ich mit so einen, der nur sich Weiber klarmachen will und so ne Scheiße.

(Peggy, Spencer, Pamela, F1, 8)

A: James macht Ärger und Ausbildung und hab ihm n Job in der Waschanlage besorgt. Kein Bock dazu. Ach, es funktioniert einfach nicht mit ihm.

(Anton F2, 36)

Diese Undifferenziertheit im Ausdruck ist kontextuell mit einem geringen formalen Bildungsniveau und dem daraus resultierenden mangelnden sprachlichen Feingefühl verknüpft, wie auch deutlich wird, als Spencer sich beklagt, die Anwältin in ihrem »Hochdeutsch und Amtsdeutsch« (F1, 49(54)) nicht verstanden zu haben. Neben der sprachlichen Konstruktion gilt es nun, sich mit dem mündlichen Ausdruck, d.h. der Art und Weise, *wie* gesprochen wird, zu befassen. Zunächst fällt auf, dass die Darsteller_innen der *Unterschicht* oft in erhöhter Lautstärke sprechen (vgl. F2, 12; F2, 45; F2, 32; F1, 6; F1, 8), was sich zum Teil dadurch erklärt, dass sie öfter in emotionalen Auseinandersetzungen gezeigt werden. In *Abbildung 5* sieht man das Spektrum eines Ausschnittes aus dem ersten Streitgespräch zwischen Anton Schmitz und der Lehrerin Elstner in der Wohnung der Familie Schmitz. Ein Blick auf eine Unterhaltung lässt die Unterschiede der Artikulation daher besser sichtbar werden: In der Grafik wird aufgrund der weißen Färbung[12] erkennbar, dass Anton Schmitz im Dialog mit der Lehrerin durchweg lauter spricht als diese und ihr zweimal hintereinander laut ins Wort fällt, als diese auf Anton Schmitz' Äußerungen eingehen will (Überlappung zwischen 2,0-2,5 sowie 4,8-5,5). Der Abbildung sind zudem die Tonfrequenzen zu entnehmen, also die empfundene Tonhöhe (je höher die Amplitude, desto höher der wahrgenommene Ton). Im Spektrum kann man erkennen, dass Bettina Elstner bei ihren beiden ersten Äußerungen (»Herr Schmitz«, »Beruhigen Sie sich doch«) wenig energievoll konstant in tiefen Stimmlagen verharrt und erst in ihrem dritten Einsatz stimmhaft höhere Frequenzen anschlägt (»Also«). Im Gegensatz dazu weisen Anton Schmitz' Äußerungen im Vergleich dazu eine mittlere Höhe auf (»Halt den Mund, du machst kein Abitur«, »Und Sie können jetzt die Wohnung verlassen«) und zeigen besonders in den beiden ersten Intervallen eine durchgängig laute und melodische Sprechweise, d.h. schnell changierende Höhen und Tiefen.

---

12   In der Darstellung repräsentieren die Schattierungen die akustische Energie der Signale. Heller gefärbte Regionen implizieren leisere Passagen; dunklere Regionen mittelstarke und weiße Stellen schließlich eine verhältnismäßig laute Stelle.

Abb. 5 Gespräch zwischen Anton Schmitz (S) und Lehrerin Elstner (E)

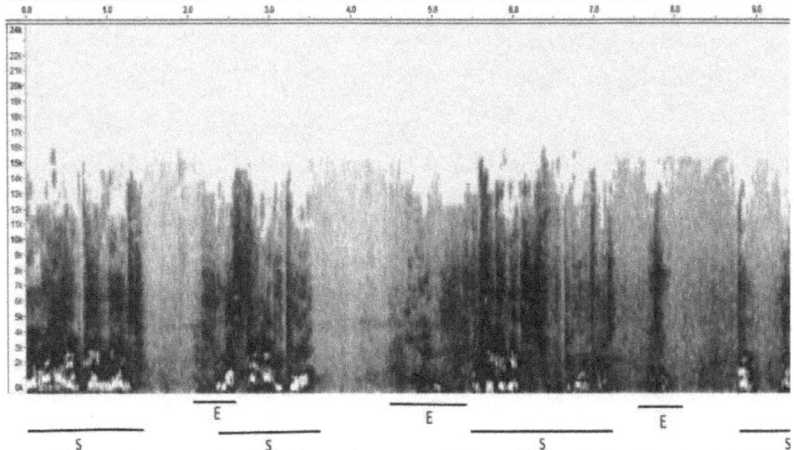

Quelle: Eigene Darstellung

In einem nächsten Schritt ist es hilfreich, einen Interviewausschnitt bezüglich der tonalen Artikulation zu betrachten, in dem keine natürliche Gesprächssituationen imitiert wird, sondern die Befragten mit frontalem Blick in die Kamera ihre Meinung äußern und damit in einem von anderen Charakteren geschützten Raum ihre Position allein hervorbringen. In *Abbildung 6* ist ein Ausschnitt aus dem Interview mit Pamela Holler zu sehen und darüber als Vergleichsfolie ein Ausschnitt mit der Anwältin Nickisch. Beim Vergleich fällt auf, dass Spencer Rotkowskis Ex-Freundin Pamela Holler wesentlich lauter als die Anwältin (wieder erkennbar an weißen Stellen) sowie generell in höheren Stimmlagen spricht. Darüber hinaus wird erkennbar, dass der Gesprächston der Anwältin eher einer beständigen mittleren Tonfrequenz mit häufigen, aber eher leisen Tonerhöhungen in mittlerer Lautstärke entspricht; sie also um einen ruhigen Grundton gleichmäßig artikuliert spricht. Bei Pamela Holler hingegen zeigt sich ein vollkommen anderes Bild: Insgesamt spricht sie mit deutlich geringerer Geschwindigkeit, sodass größere Pausen (sogar eine von einer ganzen Sekunde) zwischen den einzelnen Ausschlägen zu verzeichnen sind. Die Tonhöhen changieren stark, wobei die Stimmerhöhung zumindest zweimal (Sekunden 2,3 und 2,7) sehr deutlich mit einer erhöhten Lautstärke einhergeht, wobei die tiefen Töne am lautesten betont werden.

Holler spricht im Gegensatz zu Nickisch tonal stark changierend und langsam, wodurch eine starke Sprachmelodie erzeugt wird, die im Gegensatz zum weniger melodischen und eher um eine mittlere Tonhöhe und -lautstärke pendelnde *Rauschen* steht.

Abb. 6 Spektrum der Interviews Anwältin (oben) und Pamela (unten)

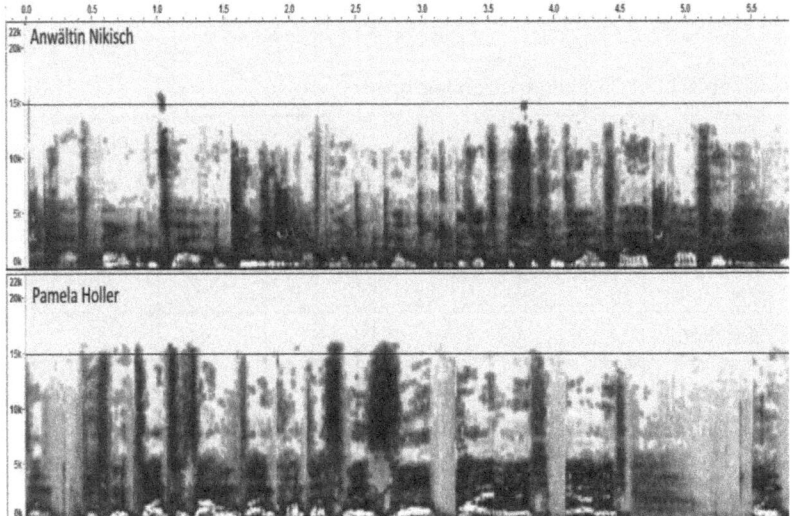

Quelle: Eigene Darstellung

Betrachtet man die Sprechweise der anderen Charaktere (vgl. Anhang A3 bis A5), ergibt sich folgendes Bild: Die beiden Familien und ihr soziales Umfeld sprechen im Gegensatz zu den Außenstehenden tendenziell eher lauter, langsamer und melodischer – mit Ausnahme von James, der deutlich leiser, monotoner und schneller als seine Eltern spricht. Im Hinblick auf die Verwendung von Dialekten ist festzuhalten, dass nahezu alle Charaktere mit ausgeprägtem mundartlichem Akzent sprechen und damit hörbar bestimmten Regionen (v.a. Ruhrgebiet und Kölner Rheinland) zuzuordnen sind. Die einzigen Figuren, die ein nahezu reines *Hochdeutsch* sprechen, sind die Lehrerin Bettina Elstner, der Jobcenter-Mitarbeiter Peter Fontän, die Jugendamtsmitarbeiterin Melanie Wülfing und die Anwältin Nickisch – also allesamt Personen, die aufgrund ihrer sozialen Position der *Mittelschicht* zuzuordnen sind und in den Folgen ausschließlich in ihren Berufsrollen auftreten.

Zusammenfassend lässt sich also der Sprachgebrauch der Angehörigen der *Unterschicht* in den untersuchten Folgen folgendermaßen beschreiben: Es wird durchgehend mundartlich und umgangssprachlich gesprochen, wobei die Sprache grammatikalische Fehler aufweist und im figurativen Wortgebrauch einige Male im Sinne der gängigen Ausdrücke falsch verwendet wird. Vulgäre und jugendspezifische Sprache ist besonders im Umfeld der Familie Rotkowski häufig in Kombination mit Schimpfwörtern zu finden, während bei der Geschichte um James Schmitz deutlich weniger davon Gebrauch gemacht wird.

Die Artikulation des Gesprochenen ist meist im Vergleich zu außenstehenden Personen lauter, oft langsamer und melodischer.

Tab. 1 Sprache nach Hauptpersonengruppen

	Spencer u. Freunde	Eltern Rotkowski	James u. Freunde	Eltern Schmitz	Profes-sionelle
mundartlich	x	x	x	x	(x)
umgangs-sprachlich	x	x	x	x	(x)
fehlerhaft	x	x	x	x	
melodisch	x	x		x	
laut	x	x		x	
langsam	x	x		x	
vulgär-sprachlich	x	x		x	
jugend-sprachlich	x		(x)		

Quelle: Eigene Darstellung

Wie in *Tabelle 1* dargestellt, ist die Sprache der Familien Rotkowski (inklusive der Freunde des Sohnes Spencer) und Schmitz (mit Ausnahme von James) von sprachlichen Eigenarten geprägt (z.B. Verwendung von Schimpfwörtern, Vulgärsprache, hohe Lautstärke), die sie im Vergleich zu den Außenstehenden als *ordinär*, d.h. »(meist abwertend) in seinem Benehmen, seiner Ausdrucksweise, Art sehr unfein, die Grenzen des Schicklichen missachtend« (Duden 2013) charakterisiert. Die stark melodische, langsame Sprechweise erweckt zudem den Eindruck einer mangelnden Affektkontrolle, also der Unfähigkeit der Charaktere, in emotional schwierigen Situationen die Selbstbeherrschung zu behalten. Die mit mangelnden Sprachkompetenzen (idiomatische, grammatikalische Fehler, undifferenzierter Ausdruck usw.) ausgestattete *Unterschicht* wird damit auf sprachlicher Ebene entsprechend dem Plot als *ordinär* inszeniert, da die Handelnden nicht nur sprachlich im Sinne der etablierten Sprachregeln begrenzt sind, sondern auch inhaltlich aus Sicht der hegemonialen Interpretation *dumm* und *naiv* agieren (vgl. 5.3). Damit wird der Mangel an emotionaler Beherrschung auf der ideologisch *falschen* Seite zum Stigma der *Unterschicht*, welche vermeintlich störrisch und unbelehrbar Meinungen vertritt, die dem gesellschaftlichen Konsens und Gerechtigkeitssinn zuwiderlaufen (z.B. Abneigung gegen die Institution der Schule). Die Sprache wird bei den dargestellten Familien zur Integrationsbarriere in die bürgerliche Welt, weil Familie Rotkowski und die Eltern Schmitz der Sprache der Professionen nicht mächtig sind und diese auch nicht ohne fremde Hilfe verstehen oder *übersetzen* können (»Wie jetzt, datt Anabolika waren deine Vitaminpillen und datt is illegal oder watt?« (Jutta F1, 42)).

Allerdings werden sie nicht als Opfer des bürgerlichen Systems inszeniert, sondern als selbst verschuldet *Inaktive* gezeigt, die in ihrer *abgekoppelten* Lebenswelt (Erwerbslosigkeit/Prekarität, keine Bildungsaspirationen) ihr *Dasein fristen* und sich und ihren Kindern schließlich damit der Chance einer demokratischen Gesellschaft, »endlich aus dem Elend hier« (James, F2, 1(6)) herauszukommen, berauben. Die Hartz-IV-Bezieher_innen Anton und Sharona Schmitz sind »trotzdem […] mit ihrem Leben zufrieden« (F2,1[1]) und weichen nur dann von ihrem dominanten Tonfall und der darin zum Ausdruck gebrachten widerständigen Meinung ab, wenn sie nicht selbst aktiv werden müssen, um ihren Sohn zu fördern, sondern der Staat das übernimmt (vgl. F2, 51(59)). Die verwendete Sprache markiert nicht einfach eine audiovisuelle Dokumentation der empirischen Ausformung des jeweiligen klassenbedingten Habitus (*Unterschichtssprache*), sondern wirkt in ihrer dramaturgischen Inszenierung affirmativ im Sinne des *Unterschichtsdiskurses*. Dem *bildungsfernen* Schüler James gelingt es, die vermeintlichen Makel der *Unterschicht* (vulgärer, fehlerhafter Sprachgebrauch) allein durch seinen Leistungswillen zu überwinden und er kann sich scheinbar allein aufgrund seiner Intelligenz und seines Fleißes dem *Unterschichtshabitus* entledigen (kein dominantes Sprachverhalten, keine Schimpfwörter usw.) und damit die Barriere zum erfolgreichen bürgerlichen *Traumberuf* als Lehrer überwinden. Eine alternative inhaltliche Handlung könnte eine andere Bewertung eines (wie auch immer konkret dargestellten) habituell auffindbaren *Unterschichtsduktus* bewirken, wenn etwa James Schmitz in einem ähnlichen Sprachgebrauch wie seine Eltern spräche und damit demonstrieren würde, dass die Form (als *ordinär* bewertete Sprache) nicht mit dem Inhalt korrespondiert und damit dem Eindruck entgegenwirken, dass sprachliche Mängel oder Abweichungen vom Hochdeutschen Ausdruck einer mangelnden Intelligenz oder eines mangelnden Integrationswillens seien. Vergleicht man Spencer Rotkowski mit James Schmitz – beide Jugendliche, die eine berufliche Perspektive suchen – wird der Unterschied zwischen Aktiviertem und nicht Aktiviertem in der Sprache körperlich greifbar: Spencer Rotkowski weigert sich, den *normalen*, für ihn von der Gesellschaft vorgesehen Weg zu gehen (Hauptschulabschluss) und will lieber als *Türsteher* »reich werden« (vgl. F1, 5, Bauchbinde (5)); entsprechend weicht auch seine Sprache sehr stark von der Sprache der bürgerlichen Gesellschaft ab. James Schmitz hingegen verhält sich konform zu den Anforderungen einer Aktivgesellschaft und kann sich dementsprechend selbsttätig sprachlich aus dem *inaktiven* Milieu lösen.

5.4.1.2 Mode und Modifikation

Im Folgenden wird ein Blick auf die Bekleidung der Charaktere sowie deren körperliche Modifikation und Körperform geworfen. In einem ersten Schritt wird zu diesem Zweck geschlechtsspezifische Kleidung bei den beiden Familien im Vergleich untereinander und zu den außenstehenden Personen untersucht.

Abb. 7 Frauenbekleidung Familie Rotkowski

Quelle: Eigene Zusammenstellung von Screenshots
aus F1,8 (10), 5:15; F1,1,(2),00:28; F1, 4,01:47; F1, 8,04:39; F1, 10, 06:14, F1,30, 25:46,
F1, 12,10:31; F1, 12, 09:18; F1, 19, 17:20; F1,25,21:57; F1, 30, 25:46; F1, 42, 33:06.

Abbildung 7 zeigt einen Zusammenschnitt der verwendeten Kostüme der Darstellerinnen in der Folge rund um Spencer Rotkowski. Bei der Oberbekleidung überwiegen mehrfarbige bzw. gemusterte Kleidungsstücke in dezenten Farbtönen. Aufdrucke sind generell beliebt, dabei besonders das Leopardenmuster (zweimal), Comicfiguren (zweimal) sowie grafische Ornamente und Symbole (zweimal). Die Darstellerinnen tragen teilweise Funktionskleidung (Bademantel, Sportbekleidung), meistens jedoch *Straßenkleidung*. Die T-Shirts sind figurbetont geschnitten und werden meist zu (Jeans-)Hosen getragen, während Peggy Sollmann zwei unterschiedliche Minikleider (weiß-schwarzes Leopardenfellmuster und eine rot-schwarze Kombination) trägt. Bei vier Outfits ist das Dekolleté gut sichtbar, einmal der Bauch. Außerdem fallen zwei ähnliche lange schwarz-glänzende Mäntel von Pamela Holler und Peggy Sollmann auf. An Schmuck ist neben einer rustikalen Holzhalskette bei Waltraud, Pamelas Lederarmband (kombiniert mit schwarzem Ring), ein Leopardenarmreif (vgl. F1, 8) an Peggys Armgelenk zu sehen. Vergleicht man die drei Generationen, so ist erkennbar, dass die Kindergeneration einen deutlich eleganteren Kleidungsstil bevorzugt. Generell scheint die Kleidung gepflegt, sauber und modern.

Bei Betrachtung der *Abbildung 8* lässt sich über die Kleidung von Sharona und Tina Schmitz vor allem festhalten, dass hier bedruckte T-Shirts beliebt sind (zweimal), sowie klassische Muster (Karo, Punkte). Zudem fällt auf, dass Sharona Schmitz zu drei zeitlich weit auseinanderliegenden Zeitpunkten das gleiche T-Shirt ihrer beiden mit Schriftzügen bedruckten T-Shirts (»Mainly my best T-Shirt« und nicht erkennbar) trägt. Bei Tina lässt sich das zuvor schon verwendete Leopardenmuster im Halstuch wieder finden. Sharona Schmitz ist einmal in einem legeren *Home Dress* zu sehen, sonst findet sich auch hier vor allem *Straßenkleidung*, über die sie beim Warten vor dem Jugendamt eine olivgrüne Daunenjacke trägt. Schmuck wird von Mutter und Tochter Schmitz nur spärlich getragen (Perlenkette/Tina, Kreuzkette/Sharona). Tinas Kleidungsstil ist wie im Fall zuvor eleganter als der ihrer Mutter. Generell sind die Kleidungsstücke wie bei Familie Rotkowski figurbetont und farblich eher dezent, in ihrem Stil aber legerer als bei Familie Rotkowski.

Abb. 8 Frauenbekleidung Familie Schmitz

Quelle: Eigene Zusammenstellung von Screenshots
aus F2, 1, 00:19; F2,1, 00:53; F2, 1 (4), 01:05;
F2, 1, 01:31; F2, 17,11:50; F2, 26, 19:11;
F2, 40, 31:53; F2, 42, 34:11; F2, 49, 41:49

Vergleicht man die Frauenbekleidung rund um die beiden porträtierten Familien mit dem der meist professionellen Außenstehenden, lässt sich Folgendes festhalten (vgl. *Abbildung 9*): Die Kleidung ähnelt sich in ihrem Hang zu bedruckten Mustern (allerdings ohne Schriftzüge) und ihrem modernen Stil. Mit Ausnahme der seriös wirkenden Berufskleidung der Anwältin Nickisch und der Sekretärin Janina Birsch (in Grautönen gehaltene Blusen-Strickjacken-Kombination), wirken die Kleidungsstücke bunter in der Farbwahl und raffinierter im Schnitt, d.h. vom T-Shirt/Jeans-Standard abweichend. Ein Kleid der Lehrerin Elstner ist beispielsweise an der Borte angeschrägt und wird mit einer mit Ornamenten verzierten Bolero-Jacke kombiniert oder die Nachbarin Angela Ölsen trägt über ihrem Rollkragenpullover eine rot gemusterte Fließjacke mit weitem Kragen. Die Kleidung ist damit individueller und extravaganter als die der beiden Familien und weniger leger. Fast alle Frauen tragen Schmuck: Bettina Elstner vor allem Holzperlen in Kombination mit einem Ying-Yang-Symbol, die Anwältin Nickisch eine Perlenkette und die Jugendamtsmitarbeiterin Wülfing eine auffällige zweiteilige Kette aus Metallkreisen.

Abb. 9 Frauenbekleidung Außenstehende

Quelle: Eigene Zusammenstellung von Screenshots aus F2,1(5), 01:13; F2, 5,03:31; F2, 19, 13:19; F2, 28, 19:49, F2, 29, 23:21; F2, 42, 34:14; F2, 34, 26:20; F2, 51(60), 44:22; F1, 23 (27), 20:50;

Betrachtet man die Männerbekleidung rund um Familie Rotkowski (vgl. *Abb. 10*), lässt sich erkennen, dass die am häufigsten getragene Oberbekleidung der Pullover (sechsmal) ist, gefolgt vom Anzug (dreimal), der für Spencer Rotkowski und Stefano Donna Teil der Arbeitsbekleidung als Security-Unternehmer darstellt. Abgesehen von dieser Arbeitsbekleidung lässt Spencer Rotkowskis sportlicher Stil eine optische Affinität zur Subkultur des Hip-Hops erkennen (weite bedruckte Pullover, Kappe). Die Pullover-Aufdrücke reichen von einem im Fantasystil gestalteten Ornament mit Drachen bis hin zu Markenemblemen auf der Vorderseite vor meist dunklem Hintergrund, wie etwa das Nike-Symbol oder ein Ed-Hardy-Ornament mit entsprechendem Logoschriftzug. Stefano Donnas privater Kleidungsstil entspricht hingegen weniger einem subkulturellen Stil, sondern ist eher unspezifisch und variiert zwischen leger, sportlich und seriös. Abgesehen vom anfänglichen Interview, in denen der Familienvater Lutz Rotkowski in einem feinen blaugestreiften Hemd gezeigt wird, überwiegt bei ihm ein sehr legerer Stil, der sich durch weite T-Shirts und Sweatshirt-Jacken auszeichnet. Farblich dominieren dunkle und kalte Töne; an Körperschmuck werden Armbänder (Stefano), Uhren (Spencer, Lutz) und Ohrringe (Lutz) eingesetzt. Insgesamt kann die Kleidung bei Lutz und Stefano als weniger modisch aktuell beschrieben werden, d.h. in ihrer Unbestimmtheit ist sie zeitloser als die Frauenmode in derselben Folge.

Abb.10 Männerbekleidung Familie Rotkowski

Quelle: Eigene Zusammenstellung von Screenshots
aus F1, 14, 11:18; F1,1,(3), 00:48; F1, 5, 02:50; F1,6, 03:12; F1, 12, 08:03; F1, 12,08:21;
F1, 14,11:19; F1, 19, 16:45; F1, 28, 24:52; F1, 25,22:15; F1, 34, 30:05; F1, 38, 31:39;
F1,26, 23:31; F1, 47, 37:09; F1, 47, 37:37; F1, 40, 32:51.

Im Vergleich dazu ergibt sich aus der Betrachtung der Männermode bei der Familie Schmitz folgendes Bild (vgl. *Abb.11*): Der Sohn James Schmitz und sein Freund Jens tragen modisch aktuelle Kleidung, die meist aus einem T-Shirt oder Pullover und Jeanshose besteht, welche mit einer sportlichen Sweatshirt-Jacke ergänzt werden. Die T-Shirts sind (fast) alle mit großen Schriftzügen und abstrakten grafischen Elementen bedruckt, z.B. »Space robots future is now« oder »Triple Crown«. Die Oberbekleidung der beiden Jungen ist in dezenten, aber auch in bunten Farbtönen (gelb, violett, rosa) gehalten. Im starken Gegensatz dazu steht der Kleidungsstil des Vaters Anton Schmitz; er trägt sehr legere Kleidung, die oft weit geschnitten mit Turnschuhen und dünnen Überjacken (Jeans- und Lederjacke) kombiniert wird. Die T-Shirts sind alle einfarbig und in hellen Farbtönen gehalten – abgesehen von einem mehrfach gezeigten schwarzen T-Shirt, welches vorne mit einem Totenkopf und mit der Rückenaufschrift »hardcore skulls« versehen ist. In einigen Szenen trägt er statt eines T-Shirts ein Batikunterhemd unter einer mit Streifen versehenen Sweatshirt-Jacke, was einen noch informelleren Eindruck macht. An Schmuck trägt Anton Schmitz neben einer Armbanduhr an dem einen Handgelenk oft eine fingerbreite silberne Kette auf der anderen Seite sowie Jens einen Ohrring.

Abb. 11 Männerbekleidung Familie Schmitz

Quelle: Eigene Zusammenstellung von Screenshots
aus F2,1 (1), 00:18; F2, 1, 00:20; F2,1, 01:34; F2,1 (6), 01:48; F2,3, 02:21; F2,5, 03:21; F2,
8, 05:42; F2, 8 (6), 05:56; F1, 10, 07:13; F2,10, 06:29; F2, 12, 07:39; F2, 12, 07:39; F2, 14,
09:11; F2, 17,11:45; F2, 29,23:44; F2,29,21:28; F2, 36,27:42; F2, 48,41:34; F2,51,42:52

Auffällig ist die Eigenart der Figur Anton Schmitz, zwei Jacken, z.B. eine Jeans- und Lederjacke, sichtbar übereinander zu tragen, was den Eindruck erweckt, dass er wenig Wert auf die aktuelle Mode bzw. ihre Konventionen legt. Vielmehr vermittelt seine Garderobe (in Kombination mit seinem Schnauzbart und der Frisur) ein Flair der Mode aus den 1980er-Jahren und steht damit im großen Widerspruch zu seinem Sohn, der, wie sein T-Shirt vermittelt, auch modisch der Zukunft bzw. Gegenwart zugewandt ist (»future is now«, vgl. *Abb. 11*).

Im Gegensatz zu der Männerbekleidung in der Folge um Spencer Rotkowski ist bei Familie Schmitz ein deutlicherer Unterschied zwischen den Generationen festzuhalten. James bevorzugt im Kontrast zu Spencer moderne, aber unspezifische Jugendbekleidung, während Anton Schmitz' Kleidungsgeschmack deutlich von allen anderen Charakteren abweicht. Im Vergleich zur weiblichen Mode in der Folge sind die Kleidungsstücke bei James Schmitz ähnlich im Trend wie die der Schwester, wohingegen Antons Kleidungsstil legerer und ungewöhnlicher als der seiner Frau ist.

Abb. 12 Männerbekleidung Außenstehende

Quelle: Eigene Zusammenstellung von Screenshots
aus F2, 14,10:24; F2,36(38), 28:27; F2, 38(42), 31:25; F2, 44(49), 36:59; F2, 44,36:56;
F2, 48,40:39; F2, 48, 41:10; F1, 16(20) ;12:54; F1,25,(29); 22.50; F1, 32; 26:45; F1,
34(40); 29:24

Bei Betrachtung der verwendeten Garderobe für die außenstehenden Personen fällt auf, dass drei der Charaktere Anzüge tragen und farblich (abgesehen von expliziter Sportbekleidung) dezente Töne überwiegen (vgl. *Abb. 12*). Die Jugendlichen bevorzugen T-Shirts (teilweise in Kombination mit offenem Hemd) sowie Pullover in gedeckten Farben und kombinieren diese mit leichten, sportlichen Jacken in Grautönen. Die Pullover und T-Shirts sind meist einfarbig oder klassisch gemustert (z.B. Streifen), weisen aber größtenteils keine Aufdrucke oder große Logoschriftzüge auf. Dabei werden die Jacken teilweise halb offen getragen oder Pulloverärmel hochgekrempelt, was einen sportlichen Eindruck macht. Die ältere Generation trägt (abgesehen von Hans-Jörg Ehrenstein im Sakko) meist Hemden in legerer Manier (z.B. halbgeöffnet oder unter einer Strickjacke) und wirkt damit seriös, aber nicht streng.

Betrachtet man die Ergebnisse nun kondensiert, ergibt sich das folgende Bild (vgl. *Tabelle 2*): Im Gegensatz zu den außenstehenden Personen bevorzugen die Charaktere, die der *Unterschicht* zugeordnet sind, in den untersuchten Folgen tendenziell farblich dezente Kleidung in Standardschnitten, die oftmals mit Schriftzügen oder Grafiken versehen ist (oder mit dem beliebten Leopardenfellmuster). Dazu tragen sie eher wenig Schmuck und werden auch in Hausbekleidung gezeigt. Bei der Männerbekleidung sind deutliche Unterscheidungsmerkmale zur *Mittelschicht* erkennbar, vor allem der weitere Schnitt der Kleidung, ein sehr legere Kombination (oftmals mit Sweatshirt- oder Jeansjacke) sowie das Tragen von Schmuck. Nachdem nun auf die Besonderheiten der Kleidung eingegangen wurde, soll im Folgenden die körperliche Modifikation näher untersucht werden.

Tab. 2 Kleidungsmuster im Vergleich

	Familien	Außenstehende
Frauen	modern (figurbetont) leger **dezente Farben** **mit Schriftzügen/Grafiken** **bedruckt** **Standardschnitte** **wenig Schmuck** *typisch:* *Leopardenmuster,* *Hausbekleidung,*	modern figurbetont weniger leger bunte Farben ohne Schriftzüge/Grafiken extravagante Schnitte viel Schmuck *typisch:* *gemustert,* *individualisiert*
Männer	modern vs. retro **weit geschnitten** **sehr leger vs. sportlich** Farben uneindeutig **mit Schriftzügen/Grafiken** **bedruckt** Standardschnitte **etwas Schmuck** *typisch:* *Markenemblem, Kappe,* *Sweatshirt-Jacken*	modern enger geschnitten seriös aber nicht streng gedeckte Farben ohne Schriftzug/Grafiken Standardschnitte Keinen Schmuck *typisch:* *seriöse Kleidung leger* *getragen, Hemd,* *einfarbige Kleidung,*

Quelle: Eigene Darstellung

Neben der Kleidung stellt die Haarmode einen Bereich der Körperveränderung dar, die den körperlichen Ausdruck besonders prägt. Vergleicht man die Frisuren der *Unterschicht*charaktere mit denen der außenstehenden Figuren, zeigen sich nur wenige Unterschiede (vgl. *Anhang A6*): Die weibliche Haarmode in und um die Familien Schmitz und Rotkowski zeichnet sich im Gegensatz zu den Figuren der *Mittelschicht* tendenziell durch Blondierungen mit deutlichem (dunklen) Haaransatz (dreimal), eine mittlere Länge (fünfmal) und durch das Tragen eines Ponys (viermal) aus. Bei den männlichen Darstellern, welche Figuren der *Unterschicht* spielen, ist lediglich ein Trend zu sehr kurzen (rasierten) Haaren und zum Tragen eines Bartes zu verzeichnen. Die Verwendung von Make-up findet sich ausschließlich bei Frauen und lässt keine auffälligen Unterschiede in der Verwendung (bei allen dezent) erkennen.

Folgende spezielle Modifikationen sind aufzufinden: Tina Schmitz, Jutta Rotkowski und Pamela Holler tragen farbigen Nagellack, Jens Nannen wird mit einem Piercing im linken oberen Teil der Ohrläppchen gezeigt und bei vier Personen sind Tätowierungen sichtbar in Szene gesetzt (vgl. *Abb. 13*). Drei der vier Tätowierungen sind den Eltern der Familien (Lutz und Sharona Schmitz,

Jutta Rotkowski) zuzuordnen, die vierte dem Securitydienst-Mitarbeiter Zander Starck und stellen in ihrem hohen Grad an (dauerhafter) Modifikation ein auffälligeres Zeichen als Nagellack oder Piercing dar. Sharona Schmitz trägt eine große *Tribal*-Tatöwierung am Oberarm, während Anton Schmitz viele kleine Tätowierungen auf der Innen- und Außenseite des Unterarms aufweist, die aufgrund der schnellen Kameraführung jedoch nicht scharf erkennbar sind. Auf der Innenseite des linken Unterarms trägt Jutta Rotkowski ein Blumenornament, während beim *Türsteher* Zander Starck kurz eine bunte Tätowierung auf der Schulter sichtbar wird, als er beim Sport ein Muscleshirt trägt.

Abb. 13 Tätowierungen

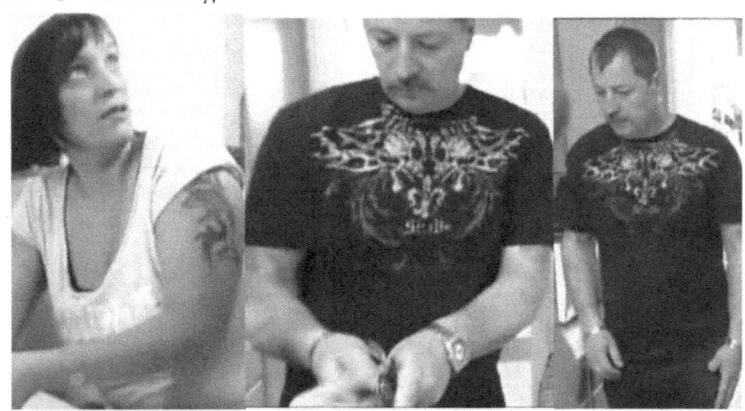

Quelle: Eigene Zusammenstellung aus F2,1, 00:53; ; F2, 3,02:10; F2,5, 02:22 ; F1, 32; 26:45; F1, 42; 33:06.

Betrachtet man in einem letzten Schritt noch Körperbau und -form (vgl. *Anhang A7*), so ist eine große Bandbreite an Körperformen (zierlich, schlank, kräftig usw.) und -bauweisen (klein, mittelgroß, groß usw.) zu verzeichnen, die sich jedoch so über die beiden Personengruppen streut, dass aufgrund dessen keine Zuordnung gewisser Merkmale auf die porträtierten Familien als Repräsentantinnen der *Unterschicht* vorgenommen werden kann.

Zusammenfassend lässt sich hinsichtlich der Mode und Modifikation Folgendes festhalten (vgl. *Abbildung 14*): Die weiblichen Figuren, die im Plot den *unteren* Klassenlagen zugeordnet werden, tragen in den untersuchten Folgen meist Kleidung in modernen Standardschnitten, farblich dezent, stilistisch leger (die Jugendgeneration figurbetonter). Sie tragen wenig Schmuck und haben oft mittellange Frisuren mit Pony und blondierten Haaren, bei denen der dunkle Ansatz gut sichtbar ist. Tätowierungen, farbiger Nagellack und Kleidungsstücke oder Accessoires aus Leopardenfellmuster sind beliebt. Die dazugehörige männliche Mode und Modifikationsform unterscheidet sich durch sportliche oder legere Schnitte, das (moderate) Tragen von Schmuck. Auch bei den Männern sind Tätowierungen beliebt sowie (sehr) kurze Haare und das Tragen von Bärten. Die verwendeten Kostüme und körperlichen Modifikationen der beiden *Unterschichts*familien korrespondieren mit dem pseudo-dokumentarischen Charakter des Formats: Die meisten Kleidungsstücke erwecken einen alltagsnahen Eindruck insofern, als dass es sich nicht offensichtlich um aufwendig entworfene oder außergewöhnliche Kleidungsstücke handelt als vielmehr um *Alltagsbekleidung*, welche suggeriert, die Darsteller_innen könnten diese auch privat tragen.

Abb. 14 Muster der Mode und Modifikation der Familien Schmitz und Rotkowski

Frauenmode	Männermode
modern	
mit Schriftzügen/Grafiken bedruckt	
Standardschnitte	
(figurbetont)	weit geschnitten
leger	sehr leger vs. sportlich
dezente Farben	Farben nicht eindeutig
wenig Schmuck	etwas Schmuck
Mittellang	(sehr) kurze Haare
Blondiert mit Ansatz	Bart
Pony	
Tattoo	Tattoo
Farbiger Nagellack	Sweatshirt-Jacke
Leopardenfellmuster	

Quelle: Eigene Darstellung mit F1,10, 06:14 und F1,14,11:19

Die beliebten Aufdrucke auf T-Shirts in Standardschnitten entsprechen dem Trend in der Massenproduktion und repräsentieren damit den Inbegriff des *normalen*, d.h. nicht individualisierten und distinguierten Geschmacks. Der Hang zu legerer Kleidung ergibt sich einerseits aus der Tatsache, dass die Mehrheit der Portraitierten keiner Erwerbsarbeit nachgeht und daher im Gegensatz zu den Außenstehenden nicht in oder rund um ihre Arbeitssituation (und entsprechender -uniform), sondern meist in ihrem Zuhause gezeigt werden. Symbolisch dafür steht der Bademantel, den Jutta Rotkowski noch trägt, als Lutz seinen Sohn für die Schule abholen will (vgl. F1, 4). Das morgendliche Bademantel-Tragen an einem Werktag impliziert bildhaft, dass die Trägerin keiner klassischen Erwerbsarbeit nachgeht und *entspannt* in den Morgen startet.

Andererseits vermittelt der legere Stil auch ein weniger gepflegtes und strenges Erscheinungsbild. Der Eindruck entsteht, der_die Träger_in investiere weniger Zeit und Arbeit in ihr_sein Körperkapital im Gegensatz zu den auftretenden Figuren, die im faltenfreien Anzug oder in der adretten Kleidungskombination täglich ihrem Beruf nachgehen.

Die blondierten Haare, die am Ansatz die natürliche (dunkle) Haarfarbe erkennen lassen, zeigen zwar den Wunsch, seinen Körper an die vorherrschenden bürgerlichen Schönheitsideale anzupassen bzw. das eigene Körperkapital zu erhöhen, jedoch bleibt der Versuch hinter den Erwartungen zurück: Der Prozess – das Färben der Haare als Mittel der körperlichen Aufwertung – dokumentiert in seiner Sichtbarkeit (der Ansatz) nur das Misslingen genau jener Imitation der *Bürgerlichkeit*, die im Gegensatz zu den akkurat blondgefärbten Haaren der *Mittelschichtsakteurinnen* steht, bei denen die Künstlichkeit des Prozesses verschleiert wird, indem Ansätze und ähnliche Zeichen des aktiven Gestaltungsprozesses (kostspielig und zeitintensiv) kaschiert werden und so dem Ideal der *natürlichen* (und nicht *künstlich* geschaffenen) Schönheit entsprechen.

Auch im Kleidungsstil von Peggy Sollmann und Pamela Holler spiegelt sich die (misslingende) Imitation bürgerlicher Ideale wieder: Die beiden Charaktere plädieren nicht nur inhaltlich dafür, dass Spencer Rotkowski sein widerspenstiges Verhalten (*Türsteher* werden wollen) zugunsten einer bürgerlichen Perspektive (»ich möchte einfach keinen Problemtypen mehr«, F1, 51(57); »Penner ohne Job«, F1,8) aufgibt, sondern dies zeigt sich auch in ihrer Garderobe, die zwar auf den ersten Blick *schick* wirkt, in ihrer minderwertigen Qualität und im Geschmack (z.B. Kunststoff-Lack-Mantel mit Pelzkragen oder figurbetontes Leopardenfellminikleid) implizit jedoch nur wieder ein Ausdruck des erfolglosen Willens, *dazuzugehören* und eines schmalen Budgets sind.

Im Gegensatz zu dieser *Anpassungsstrategie* an die bürgerliche Norm kann das in den Folgen beliebte Mittel der Tätowierung aus der Perspektive des_der Träger_in vor allem als *Individualisierungsmittel* interpretiert werden: Keine Tätowierung gleicht der anderen, in der Art und Weise der nicht-standardisierten Applikation und der Stelle, an der es aufgebracht ist. Im gesellschaftlichen Diskurs gilt diese permanenten *Körperverschönerung* trotz ihrer zunehmenden Popularisierung in Mittel- und Oberschicht immer noch als Implikator für einen geringen sozio-ökonomischen Status (vgl. dpa 2014; Tingler 2011), wie auch der im vulgärsprachlichen Gebrauch verbreitete, abwertende Begriff des *Arschgeweihs* für eine Tribal-Tätowierung auf der Lende suggeriert. Die Motive für die Tätowierung gehen nicht aus dem Filmmaterial hervor; im Falle von Anton und Sharona Schmitz fügen sich die Tätowierungen als *antibürgerliches* Körperzeichen jedoch stringent in das im Plot gezeichnete Bild ihrer bewussten Ablehnung der bürgerlichen Welt und deren Institutionen ein (»Anton Schmitz (38) – kann Gymnasiasten nicht ausstehen«, Bauchbinde, F2, 44(47)). Auch Anton Schmitz' 80er-Jahre-Modestil zeugt davon, dass er es nicht für notwendig oder *richtig* befindet, sich an die Anforderungen der Aktivgesellschaft (z.B. Flexibilität, Aktualität, Stromlinienförmigkeit) anzupassen und wendet sich ganz explizit gegen sie (»lieber an die Familientradition halten«, F2, 10(7)).

In diesem Kapitel hat sich gezeigt, dass Mode und Modifikation als körperliche Ausdrucksformen spezifischen Inszenierungsmustern für *Unter-* und *Mittelschicht* folgen und trotz vieler Gemeinsamkeiten einige Distinktionsmerkmale identifizierbar sind. Es zeigen sich in Anlehnung an den inhaltlichen Kontext dabei zwei entgegengesetzte Strategien der In-Szene-Setzung qua Mode bzw. Modifikation: Einerseits lässt sich eine Anpassungsstrategie identifizieren, in welcher ein bürgerlicher Stil (erfolglos) nachgeahmt wird, andererseits die konträre Strategie, in der sich die Handelnden qua modischem Ausdruck von der hegemonialen Leistungsnorm abgrenzen.

5.4.1.3 Körpersprache

Um sich den körperlichen Ausdrucksformen in weiterer Tiefe zu nähern, ist es angebracht, sich mit der verwendeten Körpersprache zu befassen. Hinsichtlich der eingesetzten Gestik ist es hilfreich, sich der von den Darsteller_innen eingesetzten Körpersprache in drei exemplarischen Situationen zu nähern: *Erstens* in einer neutral konnotieren Gesprächssituation (z.B. erklärend), *zweitens* in einer negativ konnotierten Situation, in der ein Charakter etwa seinen Unmut zum Ausdruck bringt und *drittens* in einer direkten Konfrontation zwischen mehreren Parteien im Streit (zwei davon jeweils *Unterschichtscharaktere* und ein *Mittelschichtscharakter*). Die Bilderfolge ermöglicht nicht nur das Beobachten einzelner Gesten, sondern nimmt auch die feinen Bewegungsabläufe der Übergänge in den Blick[13]. In Anlehnung an die Forschungen des Psychiaters Karl Leonhard über den menschlichen Ausdruck wird dabei auf die drei zentralen Gesten des *Kopfes*, *Rumpfes* und der *Arme* eingegangen (vgl. Leonhard 1968).

---

13   Durch die schnelle Kameraführung und die häufigen szeneninternen Perspektivwechsel ist es hier nicht möglich, eine für die vergleichende Analyse einheitliche Perspektive zu wählen.

Abb. 15 Gestik in erklärender Sprechsituation (Männer)

Quelle: eigene Zusammenstellung aus einzelnen Frames (F2, 12; 07:55);
(F1, 12;08:17), (F2, 32;23:56)

Die Beispiele aus der *Abbildung 15* zeigen die Gestikulation dreier männlicher Figuren in ruhigen Gesprächssituationen. Die erste Sequenz zeigt Anton Schmitz, als er sich seinem Freund und Waschanlagenbesitzer Jan Breuer zuwendet und ihn um einen Job für seinen Sohn James bittet. Die auf das rechte Standbein gestützte Haltung und das damit verbundene Hochstellen des linken Beines sowie die dem Angesprochenen zugekehrte Schulter implizieren trotz einer kontextuell ruhigen Gesprächssituation mit seinem alten Freund eine Rumpfgeste der Angriffsbereitschaft (vgl. Leonhard: 195). Der Kopf neigt sich beim Wechsel in den festen Stand leicht zur Seite und drückt damit das Verharren auf die erhoffte positive Antwort Breuers aus. Die lockere Bewegungsgeste des angewinkelten linken Arms mit der halb nach oben geöffneten Handfläche deutet darauf hin, dass Schmitz Anton auf etwas hinweisen will (sein Sohn könnte bei ihm arbeiten). Die zweite Bildfolge ist einem Gespräch zwischen Spencer Rotkowski und Stefano Donna entnommen, in dem Stefano seinem Freund erklärt, was er für ein erfolgreiches Leben wichtig findet (»Respekt«, F1, 12). Stefano Donna neigt dabei seinen Oberkörper leicht zur Seite und zurück, wobei er ausladende Armgesten ausführt: Zunächst hält er die Arme mit nach innen geöffneten Handflächen auf Brusthöhe seitlich neben seinen Körper, dann senkt er die Arme ab, bis sie entspannt an der Körperseite hängen. Diese künstliche Vergrößerung seines Körpervolumens mittels seiner Hände und die nach innen gerichteten Handflächen verleihen dem Gesagten einen höheren Stellenwert und setzen ihn als Autorität in Szene. Für die zweite große Armbewegung erhebt er eine Hand anklagend gegen Spencer, bevor sie sich zur offenen Geste mit locker von sich gestreckten Armen wandelt, die Selbstbewusstsein und Vertrauen zum Gegenüber markiert (vgl. Molcho 1983: 144). Die dritte Szene zeigt den Polizisten Peter Blank, während er die Lehrerin Bettina Elstner über den Vorfall in der Sporthalle befragt und der Gesprächspartnerin Elstner aufmerksam seinen Kopf zuwendet, wobei er eine ruhige Rumpfhaltung aufweist. Nur seine Hände sind in Bewegung und lösen sich von einer anfänglichen Geste des Ablehnens (vom Körper abgewandte Handinnenflächen, etwa in horizontaler Haltung) hin zu einer ruhigen Geste der Wiederherstellung der Ordnung, bei denen er seine Handgelenke seitlich mit geöffneten Handinnenflächen zum Körper wendet (vgl. Leonhard 1968: 202; Molcho 1983: 160). Blank behält noch einen kurzen Augenblick die Ablehnungsgeste bei, die dem aggressiv agierenden Anton Schmitz gilt und richtet seinen Oberkörper schon freundlich der Lehrerin Elstner zu, um sie zu genaueren Details des Tathergangs zu befragen und lockert erst anschließend die Handhaltung zu einem weniger distanzierenden Ausdruck. Alle drei Aufnahmen sind in leichter Aufsicht aufgenommen und lassen die Figuren im Gesamtbild eher *klein* und unbedeutend erscheinen. Ergänzt man die Beobachtungen über die dargestellten Ausdrucksformen in erklärenden Sprechsituationen mit denen der weiblichen Figuren, ergibt sich der folgende Eindruck (vgl. *Abbildung 16*):

Abb. 16 Gestik in erklärender Sprechsituation (Frauen)

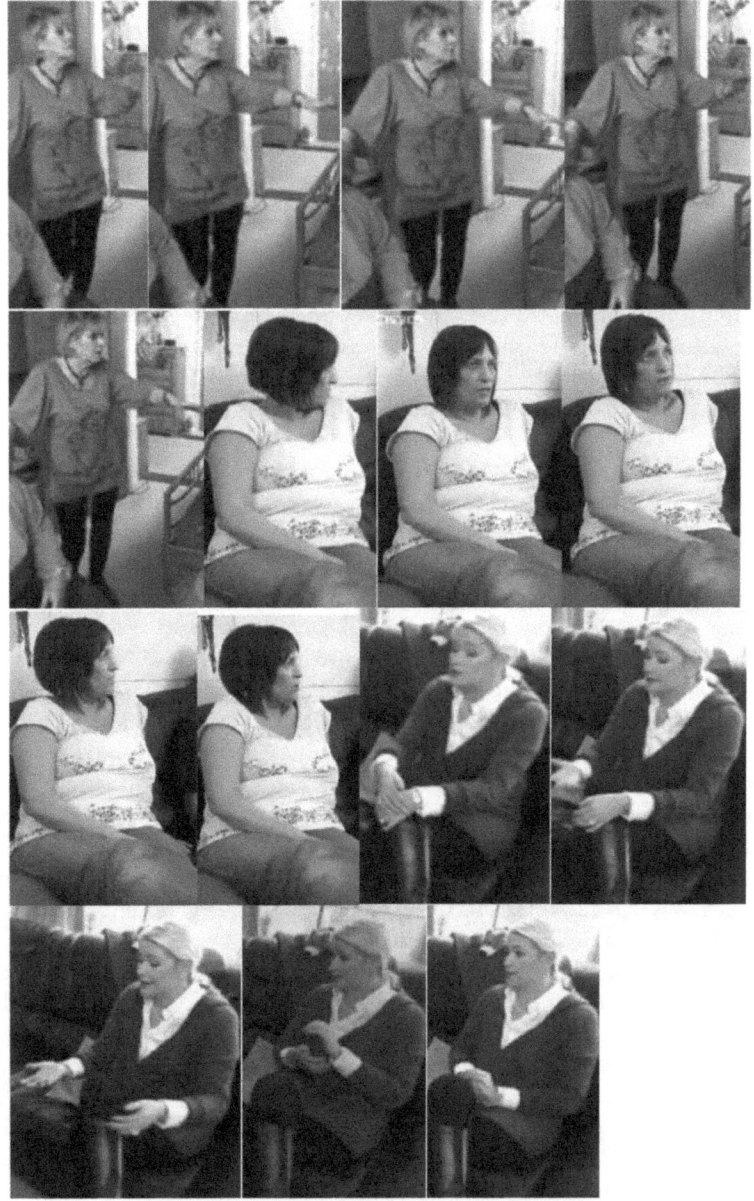

Quelle: Eigene Zusammenstellung aus einzelnen Frames (F1,17:48), (F2, 17;12:42),(F1,49; 38:56)

Waltraud Rotkowski reckt ihr Kinn vor bzw. den Kopf nach oben bei gerade nach unten gerichtetem Blick, was eine freundliche, »etwas gönnerhafte Erhabenheit über den anderen Menschen« (Leonhard 1968: 180) symbolisiert – in diesem Fall ihrem Enkel Spencer, dem sie kurz zuvor stolz den Anzug ihres verstorbenen Mannes geschenkt hat. Ihr rechter Arm ist auf einem Möbelstück abgestützt, was ihr einen stabilen Stand ermöglicht und bewirkt, dass ihr Rumpf anfänglich leicht zu einer Seite geneigt ist, bevor sie die Hand ausstreckt und damit eine gerade Haltung einnimmt. Die Armbewegung impliziert eine gewisse Dominanz, da die Geste verdeutlicht, dass sie alle weiteren Entwicklungen unterbinden wird, die nicht in ihrem Sinne sind (vgl. ebd.: 201). In der nächsten Abfolge wendet Sharona Schmitz ihren Kopf dem Gesprächspartner Anton beim Zuhören zu und wendet ihn bei ihren eigenen Äußerungen ab, was auf ein passives Desinteresse am Gegenüber schließen lässt (der Blick ist beim Sprechen weiterhin auf den Fernseher gerichtet). Die vorgeschobene rechte Schulter lässt die Brust einsinken und erweckt zusammen mit der Armgestik (eine Hand ist hinter dem Körper versteckt, die andere liegt ruhig im Schoß) einen inaktiven Ausdruck (vgl. Molcho 1983: 77) – die Hände werden nicht als Ausdrucks- oder Gestaltungsmittel benötigt und können in Passivität verharren. Einen ganz anderen Eindruck vermittelt die Körpersprache der Anwältin Nicole Nickisch, die zunächst mit vorgebeugtem Oberkörper und übereinander geschlagenen Beinen den Kopf nach unten neigt und auf den Boden blickt. Die Hände umschließen dabei in einem festen Griff übereinander ihr linkes Knie. Diese Sitzposition deutet darauf hin, dass Nickisch unter Anspannung steht und einem negativen Gedanken nachgeht (gesenkter Blick, vgl. Leonhard 1968: 135); hier wahrscheinlich die Befürchtung einer hohen Strafe für ihren Mandanten Spencer Rotkowski. Diese starre Geste der Arme weicht zugunsten einer hinweisenden Bewegung (der feste Griff löst sich, die Arme gehen auseinander mit nach oben geöffneten Handinnenflächen) und auch der Kopf wendet sich wieder langsam dem Gesprächspartner zu. Nach ihrer Äußerung legt sie die Hände locker gefaltet in ihren Schoß und lehnt sich zurück, was signalisiert, dass sie ihren Standpunkt dargelegt hat und höflich auf eine Reaktion ihres Gegenübers wartet.

Fasst man die Beobachtungen zusammen und untersucht sie hinsichtlich Gemeinsamkeiten und Unterschieden zwischen den Geschlechtern, fällt auf, dass die Darstellerinnen genderspezifische Gesten einsetzen (z.B. eng aneinander gepresste, übereinander geschlagene Beine, schützende Hand im Schoß) und die Armgesten der männlichen Darsteller einen relativ großen Raum vor ihrer Brust gestisch *einnehmen*. Darüber hinaus ist erkennbar, dass die erklärenden Gesten der Personen, die der *Unterschicht* zugeordnet werden, deutlich von Dominanzposen durchsetzt sind (angriffsbereit, profilierend, unterbindend usw.), während die Gesten der *Mittelschicht* (in diesem Fall von der Anwältin Nickisch und dem Polizisten Blank repräsentiert) eher sachlich abwägend und ruhig wirken. Sharona Schmitz strahlt in diesem Fall selbst zwar keine dominante Position aus, spiegelt in ihrer Passivität und Unterwerfung jedoch implizit die Vorherrschaft ihres Mannes, was auch sprachlich oft zum Ausdruck kommt (»Du tust, was dein Vater dir sacht«, F2, 17). In den untersuchten Beispielen bringen die *Unterschichtscharaktere* ihre Meinung meist mit Inbrunst und der festen Überzeugung, die objektiv *richtige* Meinung zu vertreten, hervor und verknüpfen sie mit dem Anspruch, sich in einer ggf. folgenden Auseinandersetzung durchzusetzen zu können. Die beiden professionell tätigen *Mittelschicht*sakteur_innen verhalten sich entsprechend ihrer außenstehenden Position (und damit weniger emotionalen Verwicklung in die Geschehnisse) distanzierter und sachlicher.

Im nächsten Schritt soll anhand von Beispielen ein Blick auf den gestischen Ausdruck in Sprechsituationen geworfen werden, in denen die Charaktere sich wütend oder erbost äußern (vgl. *Abbildung 17*).

Abb. 17 Gestik in wütender Sprechsituation (Männer)

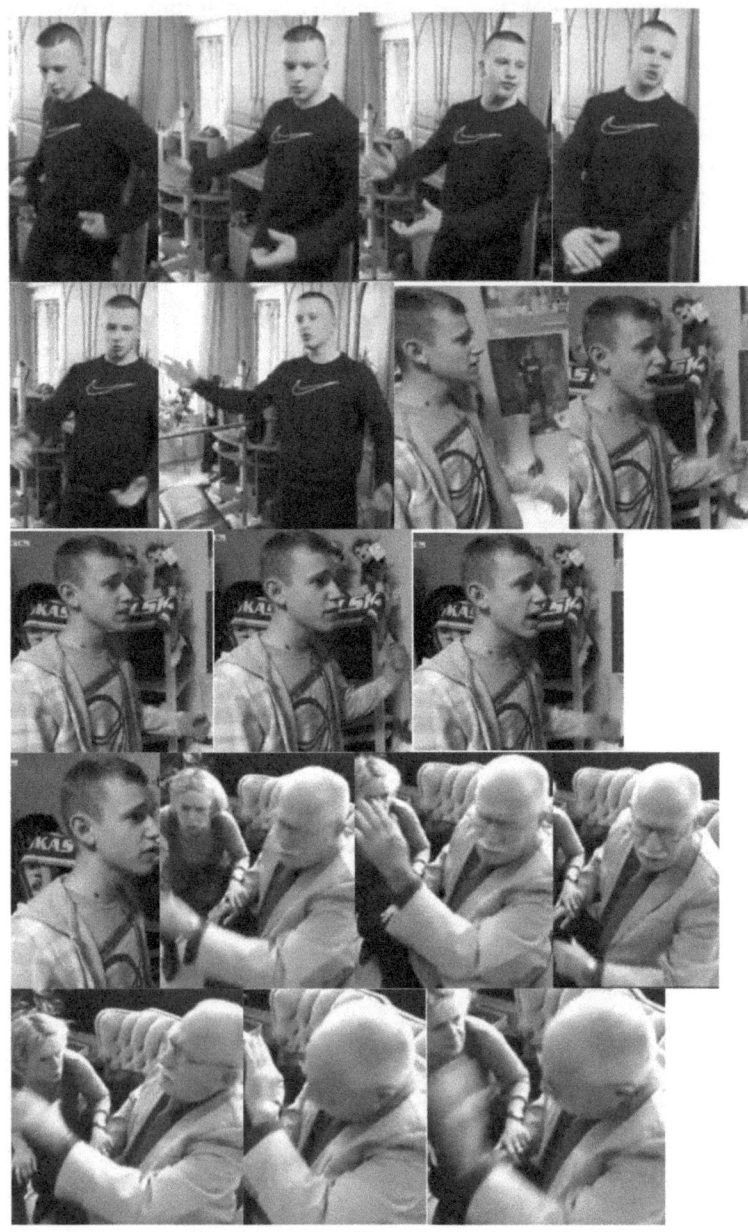

Quelle: Eigene Zusammenstellung aus einzelnen Frames (F1,6;03:47),
(F2,24;17:10), (F1,34 ;29:13)

Die erste untersuchte Sequenz zeigt Spencer Rotkowski in einer Auseinandersetzung mit seinem Vater Lutz, welcher seinem Sohn vorwirft, das von ihm geliehene Geld falsch eingesetzt zu haben (für den *Hometrainer*). Der Jugendliche steht zunächst angespannt mit zum Boden gesenktem Blick, hält die Arme angewinkelt neben seinem Körper und ballt die Hände zur Faust. Sein geneigter Kopf ohne fixierenden Blick lässt auf ein Gefühl der Minderwertigkeit schließen (vgl. Leonhard 1968: 182), was eine Seite von Spencer preisgibt, die auch in der Geschichte manchmal durchscheint (»Spencer Rotkowski (19) – möchte endlich Erfolg haben«, F1, 12(16)). Ein ganz anderes Signal geben seine angezogenen Arme mit geballten Fäusten, die Vitalität und Aggressivität in der Auseinandersetzung mit seinem Vater zum Ausdruck bringen. Der Rumpf pendelt stark auf das Standbein nach links, während der Kopf sich leicht gehoben seinem Gegenüber zuwendet, was Angriffsbereitschaft und empfundene Überlegenheit demonstriert (vgl. Leonhard 1968: 180ff.). Dabei führt Spencer Rotkowski erst eine weitausholende langsame Klatschbewegung, gefolgt von einem ausladenden Öffnen des Arms nach außen mit geöffneter Hand durch, was dazu beiträgt, dass er mehr Raum (örtlich und inhaltlich) für sich einnehmen will und den Aktionsradius des Vaters verkleinert und ihn vor vollendete Tatsachen stellt, was durch das Klatschen zum Ausdruck gebracht wird. Im Vergleich zu Spencer Rotkowskis ausladenden Gesten ist die Körpersprache des Schülers James Schmitz eher dezent: Sein Rumpf ist in aufrechter Haltung, der Kopf leicht vorgeneigt. Sein linker Arm hebt sich in zwei schnellen Gesten mit angewinkeltem Unterarm und lässt die locker geballte Hand mit dem Daumen nach hinten über seine Schulter weisen. Die Bewegung illustriert seine Worte »Ich war dafür <u>arbeiten</u>, ich hab dafür <u>Nachhilfe</u> gegeben«, F2, 24, Hervorh. B.S.), wobei die Handbewegung hinter sich offensichtlich symbolisch für *arbeiten* (bzw. Nachhilfe geben) steht und damit empört auf den Gegensatz zwischen seinem erwerbslosen (*untätigen*) Vater vor sich und der symbolischen Welt der Tatkraft und *Arbeitsamkeit* hinter ihm deutet und damit die Ursache für seine Wut über das entwendete Taschengeld darstellt.

Die dritte Folge von Bewegungsabläufen zeigt den Seniorenheimbesucher Hans-Jörg Ehrenstein, der sich über Spencer Rotkowskis tätlichen Angriff echauffiert. Dabei sitzt er angespannt mit vorgebeugtem Rumpf auf der Kante eines Sitzmöbels und erhebt die Handinnenfläche in abgewandter Seite zweimal in Kopfhöhe (einmal seitlich abwinkend, einmal abwehrend direkt vor die Stirn). Mit dieser *wegwerfenden* Geste und einem geringschätzenden Blick bringt er Verachtung gegenüber seinen Gesprächspartnern zum Ausdruck. Die Abwendung des Kopfes und des ganzen Oberkörpers von Jutta Rotkowski verstärkt den missbilligenden Ausdruck und macht seinen Wunsch nach einer räumlichen und inhaltlichen Distanzierung von den beschwichtigenden Worten seiner Gesprächspartnerin deutlich.

Abb. 18 Gestik in wütender Sprechsituation (Frauen)

Quelle: Eigene Zusammenstellung aus einzelnen Frames (F2, 42; 34:33),
(F1,8;4:39), (F2, 42; 34:11)

Betrachtet man die Reaktion der weiblichen Figuren (vgl. *Abb.18*), zeigt sich bei Sharona Schmitz in der ersten Sequenz eine typische Geste der Drohung: Schmitz positioniert ihren erhobenen Zeigefinger in klassischer Geste neben dem Kopf, unterbricht die Geste durch wilde, ruckartige Bewegungen der Hand vor ihrer Brust in Richtung der Sekretärin Janina Birsch und nimmt dann wieder die drohende Ausgangsposition in gerader Rumpfhaltung ein. Sharona Schmitz stützt mit ihren hektischen Bewegungen, die zwischen dem direkten Zeigen auf sich selbst, Birsch, und deren Sekretariat im Hintergrund im Dreieck zirkulieren, ihren vorgebrachten Vorwurf: »*Die ganze Zeit* [auf Birsch], seit der *Zeit, wo wir hier angekommen sind* [auf Sekretariat], *feinden Sie* [auf sich selbst] *mich* [auf Birsch] schon hier an« (F2, 42, Hervorh. B.S.). Schmitz zeichnet die sprachlichen Inhalte mit non-verbalen Zeichen nach, sodass ihre Aussage sehr direkt und explizit wirkt und sie die Sekretärin in ihrer zeigenden Geste ganz offen angreift. Die zweite Abfolge zeigt Pamela Holler, als sie sich über ihren Freund Spencer Rotkowski entrüstet, weil dieser die Schulausbildung abgebrochen hat. Holler steht auf ihrem rechten Standbein in Angriffsposition und neigt ihren Rumpf stark nach vorne links in Richtung ihres Gesprächspartners. Sie beugt ihren Kopf vor und fasst sich in einer typischen Empörungsgeste mit ihrer gespreizten, geschlossenen Hand an die Stirn und blickt abschätzig auf Spencer herab. In der dritten Folge ist ein weiterer Ausschnitt aus dem Streitgespräch zwischen der Sekretärin Birsch auf Sharona Schmitz dokumentiert: Birsch steht Schmitz, leicht aufs linke Standbein gestützt, in selbstbewusster Haltung (aufrechter Rumpf) gegenüber und blickt abwechselnd zwischen Sharona und James Schmitz hin und her. Der angewinkelte Arm mit nach oben geöffneter und zur Seite weisender Handinnenfläche zeigt die Geste eines professionellen Entgegenkommens (vgl. Molcho 1983: 157), die jedoch einerseits mit emotionalen Vorbehalten verknüpft ist (nur eine Hand offen nach vorne gerichtet, die andere seitlich versteckt) und andererseits mit leichter Aggression auf James und Sharona verweist. Die Gesten fallen jedoch weniger drohend aus und wirken insgesamt trotz der offensichtlichen Emotionalität viel ruhiger und präziser als Sharona Schmitz' hektische Angriffsgesten.

Subsummiert man die beobachteten Gesten in Situationen, in denen die Charaktere aus der Logik des Plots ein Gefühl der Wut verspüren, zeigt sich in einem ersten Blick, dass die Außenstehenden tendenziell wenige ausladende, hektische Gesten verwenden und generell ruhiger bleiben sowie ihre (negativen) Emotionen weniger stark in Form impulsiver, nach außen gerichteter Aggression als vielmehr durch Distanzierung und Abweisung zum Ausdruck bringen. Im Hinblick auf den Genderaspekt ist festzustellen, dass die männlichen Figuren die Gesten tendenziell langsamer durchführen als die Akteurinnen und ihren Körper symbolisch mit den Händen vergrößern und daher mehr Raum für sich einnehmen, während die Frauen ihre Arme enger am Körper führen. Auffällig ist auch, dass James in seiner Gestik von den drei anderen Charakteren der *Unterschicht* abweicht, da er keine so offensiven Gesten verwendet und in seiner Körperhaltung ruhig bleibt.

Abb. 19 Gestik in Konfliktsituation (Männer)

Quelle: Eigene Zusammenstellung aus einzelnen Frames
(F1,53;42:49), (F2,17; 12:26), (F1,21;19:13)

Die letzte zu untersuchende Gruppe der Gesten sind die Bewegungen der Konfrontation (vgl. *Abbildung 19*), in denen es um das Eingehen auf das Gegenüber in einer konkreten Konfliktsituation geht. Im ersten Fall ist Spencer Rotkowski zu sehen, wie er seinen Freund Stefano Donna angeht, weil dieser ihn belogen hat. Rotkowskis Rumpf ist in einer angriffsbereiten Position, was die Verlagerung des Gewichts vom einen auf den anderen Fuß zeigt (vgl. Leonhard 1968: 195). Sein Kopf ist zu Beginn mit abgesenktem Blick weit nach vorne geneigt, sodass die Stirn (nach der geballten Faust) das erste dem Adressaten zugewandte Körperteil darstellt. Dies drückt eine hohe Willensspannung aus, welche besagt, »dass man nicht nachgeben will« (ebd.: 184). Der rechte Arm, weit vor den Körper gestreckt, ist zunächst in typischer Angriffsmanier als Faust in Gesichtshöhe gen Donna gerichtet, bevor Rotkowski ihn senkt und die Bewegung in eine *wegwerfende,* abschätzige Handbewegung in die zweite Geste übergeht. Dabei ist der Kopf in die entgegengesetzte Richtung abgewandt und zeigt in Kombination mit der Abwendung des Rumpfes sowie der in Schulterhöhe erhobenen Hand mit geöffneter Handinnenfläche in Richtung des Kontrahenten eine klassische Geste der *unfreundlichen Abwendung* (vgl. ebd. 172). Die zweite Situation zeigt einen Streit zwischen Anton und James Schmitz, bei der Anton Schmitz kurz zuvor von der Couch aufgestanden ist, um seinen Sohn zur Räson zu bringen. Dies kommt auch in der Geste der Arme deutlich zum Ausdruck, als Schmitz' mit fixierendem Blick auf James die rechte Hand in drohender Bewegung (erhobene Hand mit locker gestrecktem Zeigefinger neben dem Gesicht) gegen James richtet, was die Ankündigung einer Strafe im Fall der Grenzüberschreitung (*hier*: das Gymnasium besuchen wollen) impliziert (vgl. ebd.: 216). Nachdem Schmitz die Geste beendet hat, ballt er seine Hand zur Faust und erhebt sie erneut mit direktem Blick gen Spencer warnend vor sein Gesicht. Die Bewegung des Rumpfes besteht in einer forschen Gehbewegung in James' Richtung, der in Richtung Tür zurückweicht. Auch aufgrund der speziellen Kameraperspektive, die sich in dem Ausschnitt einem *Over-Shoulder-Shot* annähert, teilt der_die Zuschauer_in am Ende der Sequenz James' (Rück-)Blick auf seinen Vater perspektivisch und ist damit Anton Schmitz' einschüchternder Körpersprache frontal ausgesetzt. Die dritte Szene zeigt eine Konfliktsituation im Einkaufszentrum zwischen dem Wachdienstmitarbeiter Rolf Mann, Waltraud Rotkowski und deren Enkel Spencer, in welcher Rolf Mann Waltraud Rotkowsi beschuldigt, in ihrer Handtasche Diebesgut versteckt zu haben. Mann steht mit festem Stand und geradem Rumpf und neigt den Kopf seinem Gegenüber nach vorne entgegen, was seine Bereitschaft signalisiert, seinen Willen durchzusetzen. Während er in beschwichtigendem Tonfall weiter auf Rotkowski einredet, erhebt er langsam seine rechte Hand mit dem Zweck, die Handtasche der Rentnerin an sich zu nehmen. Dabei geht er nicht auf die gestische Provokation Spencers oder Waltraud Rotkowskis ein und führt seine gezielte Handbewegung souverän und selbstsicher durch.

Abb. 20 Gestik in Konfliktsituation (Frauen)

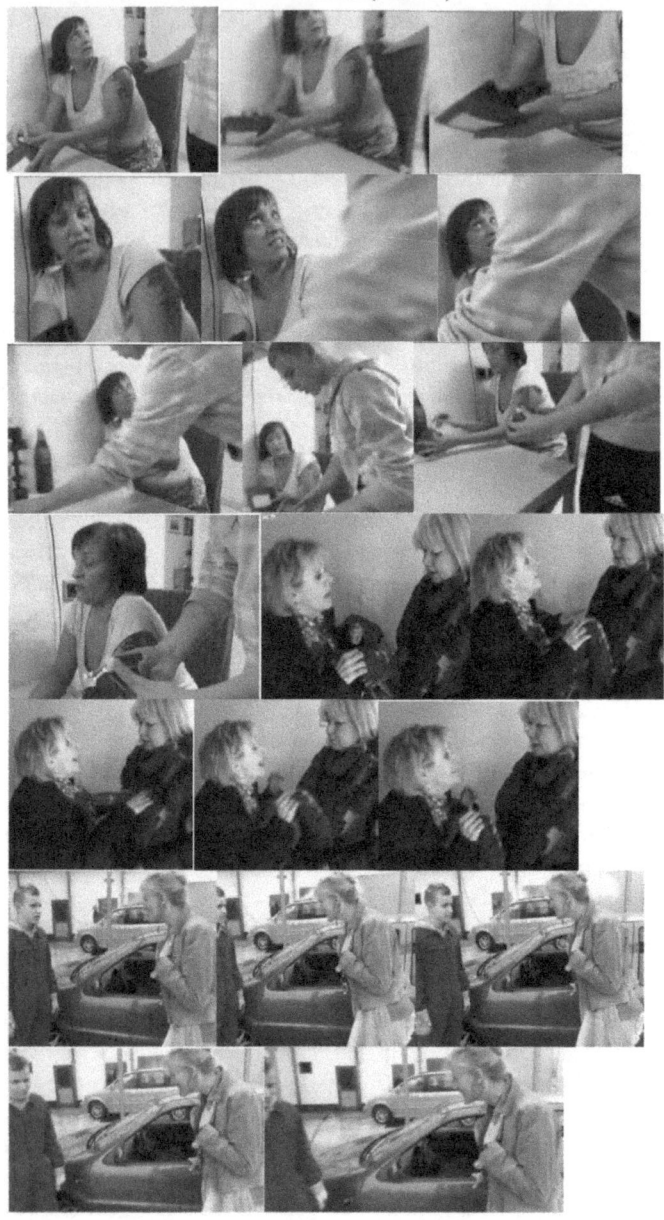

Quelle: Eigene Zusammenstellung aus einzelnen Frames (F2, 1, 00:53), (F1,23; 21:12), (F2, 14; 09:52)

Bei den weiblichen Figuren verlaufen die in den Beispielen abgebildeten gestischen Bewegungsabläufe folgendermaßen (vgl. *Abb. 20*): Die erste Sequenz zeigt die sitzende Sharona Schmitz in der Aufsicht, welche sich später in Richtung *Point of view shot* verändert, sodass der_die Zuschauer_in meist ähnlich wie bei der Konfrontation zwischen Anton und James Schmitz die Perspektive von James einnimmt und Sharona teilweise von James's Schulter verdeckt wird. Sharona Schmitz zeigt zunächst mit einer demonstrativen Geste ein leeres Portemonnaie vor und lässt ihren Kopf anschließend nach oben (zu James) und nach unten (zum Portemonnaie) wandern. Ihren Oberkörper lehnt sie angespannt nach vorne, die Arme hält sie ruhig in zeigender Gestik vor den Körper, während ihr Blick zunehmend James fixiert, welcher nach den auf dem Tisch liegenden Zigaretten greift und ihr diese ebenso demonstrativ vorzeigt. Der in der Handlung angelegte Konflikt kommt hier durch die beiden Symbole des leeren Portemonnaies (Armut) und Zigaretten (Luxuskonsum) qua vorwurfsvollen Demonstrationsgesten zum Ausdruck. Sharona Schmitz begründet die Weigerung, James' Englischnachhilfe zu bezahlen (»Vierundzwanzig Euro für Englischunterricht?«, F2, 1(4)) mit mangelndem Geld, während James nicht gelten lassen will, dass Geld für Zigarettenkonsum, jedoch nicht für seine Schulbildung ausgegeben werde. Sharona wendet in Reaktion auf das Luxus-Argument den Kopf seitlich ab und drückt damit ihre Geringschätzung gegenüber James und dessen Meinung aus (vgl. Leonhard 1968: 180f.). Das zweite Beispiel zeigt Waltraud Rotkowski und Angela Ölsen in einem Streit um ein verschwundenes Paket. Waltraud Rotkowski neigt ihren Rumpf nach vorne in Richtung ihrer Kontrahentin und streckt Kopf und Kinn in aggressiv-fixierender Geste nach oben. Ihre Hände hält sie zunächst mit leicht geballten Fäusten in Brusthöhe eng an ihrem Körper, bevor sie Ölsen mit den gestreckten Fingern wie eine pickende Gans ruckartig gegen die Brust stößt und schnell wieder zurückweicht. Hier zeigt sich der Übergang einer gebieterischen Geste in eine handgreifliche Aggression. Die dritte Sequenz zeigt schließlich die Auseinandersetzung der Lehrerin Bettina Elstner, die aufgebracht ist, weil ihr Schüler James während der Schulzeit in der Autowäscherei arbeitet. Ihr Rumpf bewegt sich im Schulterbereich weit nach vorne, begleitet von einer entsprechenden Kopfgeste nach vorne, sodass die Stirn in einem Bogen der am weitesten in Richtung James vorgebeugte Körperteil ist. Diese Haltung impliziert, dass Elstner ihre Überlegenheit im geistigen Bereich sieht und diese daher nicht mit ausladenden körperlichen Territorialgesten zum Ausdruck bringt (vgl. Molcho 1983: 77). Das Ausbleiben einer schützenden oder drohenden Hand vor dem Kopf bei gesenkter Stirn (im Gegensatz zu Abb. 19 bei Spencer Rotkowski und Anton Schmitz) signalisiert einerseits, dass sie James ein generelles Vertrauen entgegenbringt und andererseits, dass sie keine körperlichen Drohgebärden benötigt, um ihre überlegene Position aufrecht zu erhalten. Die Arme legt sie dicht an ihren Körper auf ihre Brust und erweckt damit den Eindruck, die

Emotion nicht in Form von Aggressivität nach außen zu tragen, sondern selbst durch Enttäuschung persönlich von dem Konflikt betroffen zu sein.

Im Hinblick auf die Körpersprache in Konfliktsituationen ist zusammenfassend festzustellen, dass die Gesten der männlichen Darsteller territorial deutlich weit ausholender und aggressiver wirken. Darüber hinaus ist bei den Charakteren aus der *Unterschicht* der Rumpf in angriffsbereiter Pose (meist begleitet von handgreiflichen oder warnenden Handgesten) dem Gegenüber direkt zugewandt, während die *Mittelschichts*figuren auf körperliche Provokationen dieser Art des Kontrahent_innen verzichten.

Betrachtet man die Beobachtungen über die eingesetzte Gestik gebündelt, lässt die Körpersprache auf zwei verwendete Hauptstrategien im Umgang mit Konflikten schließen: Einerseits gibt es die Option, dem Gegenüber *Angriffsbereitschaft* zu vermitteln (bei den Männern meist von territorialen Gesten begleitet, z.B. Körpervolumen symbolisch vergrößern), andererseits gibt es die Strategie, sich z.B. durch verächtliche Gesten über den anderen zu *erheben* und damit zu signalisieren, dass sie sich gar nicht erst mit seinem_r Gegner_in auf eine Stufe stellen (detailliert dazu vgl. *Anhang A8*). In der *Tabelle 3* ist die Verwendung der Strategien nach Häufigkeit aufgelistet.

Tab. 3 Konfliktstrategien – *Unterschicht (Mittelschicht)*

	Angriffsstrategie	Überhebungsstrategie
erklärend	1(0)	3(1)
wütend	5(0)	2(3)
konfrontativ	7(0)	1(1)

Quelle: Eigene Darstellung auf Grundlage von Anhang A8

Dabei zeigt sich, dass die der *Unterschicht* zugeordneten Charaktere mit zunehmender Konfliktschärfe vermehrt direkt offensive Gesten praktizieren, während die Mittelschichtsakteur_innen vollständig auf diese Form der Machtdemonstration verzichten. Bei der *Überhebungsstrategie* wird erkennbar, dass die Repräsentant_innen der *Unterschicht* auch in ruhigen Gesprächssituationen eher dazu neigen sich mittels der Körpersprache über die andere Person zu erheben (z.B. gönnerhaft, profilierend), während die außenstehenden Akteur_innen weniger Gebrauch von dieser Technik machen. In aufgebrachter emotionaler Lage hingegen setzen die Figuren aus der *Mittelschicht* vermehrt das körpersprachliche Mittel der *Überhebung* ein (z.B. Kopf abwenden), während sie in der offenen Konfrontation gestisch reserviert bleiben. Diese Differenz greift einerseits den schon bei der Ausdrucksform der Sprache aufgeworfenen Aspekt der mangelnden *Affektkontrolle* auf und suggeriert eine Unfähigkeit der *Unterschicht*, Konflikte auf sprachlich-intellektueller Ebene zu lösen. Dazu gehört das körpersprachliche *Territorialverhalten* (weit ausgebreitete Arme, vorgeneigter Oberkörper usw.), welches einer Präferenz für die *großen Gesten* verdeutlicht und eine mangelnde Distinguiertheit zum Ausdruck bringt, die im Gegensatz zu den feingliedrigen und körpernahen Gesten der *Mittelschicht* steht. Auch das häufig eingesetzte Mittel der physischen *Gewaltandrohung* in persönlichen Konflikten wirkt als Kompensation mangelnder *Kultiviertheit*. Auf der anderen Seite erwecken die häufig eingesetzten körperlichen Angriffssignale der *Unterschicht* in Kombination mit der frontalen Kameraeinstellung auf den *Angreifer* aus *Opfer*perspektive den Eindruck einer unmittelbaren körperlichen Bedrohung. Die damit implizierte Gewaltbereitschaft der *Unterschicht* gegenüber Andersdenkenden ist damit ein weiterer Aspekt, der das Eingreifen einer ordnenden (staatlichen) Instanz im Handlungsverlauf als *richtige* Maßnahme zur *Umerziehung* der *gefährlichen Unterschicht* erscheinen lässt.

Im Hinblick auf die Familienkonstellation der Familie Schmitz zeigt sich die Besonderheit, dass die Mutter Sharona in ihrer Körpersprache in entspannten Gesprächssituationen deutlich passiver als die anderen Charaktere und James Schmitz' Gestik in wütender Haltung im Vergleich auffallend ruhig bleibt. Sharona Schmitz' Körpersprache symbolisiert ihre passive Haltung in Fragen der Erziehung, in der sie sich stets der Meinung ihres Mannes unterordnet. Die auffällig ruhigere Körpersprache des zukünftigen Abiturienten James Schmitz entspricht der in den vorherigen Kapiteln festgestellten intrafamiliären *Außenseiter*-Position der Figur James, die sich aus seiner aktiv erkämpften *Hin*wendung zum bürgerlichen Bildungsweg ergibt und die bewusste *Ab*wendung von der anti-bürgerlichen Haltung seiner Eltern impliziert (»sonst komm ich nie aus diesem Elend hier raus« F2, 1(6)). Diese in der Inszenierung angelegte gestische Differenzierung innerhalb der gleichen Klassenlage erweckt damit in ähnlicher Weise wie die eingesetzte *Sprache* und *Mode/Modifikation* den Eindruck, James könnte das Stigma des *Unterschichtshabitus* einfach durch eigene Willensstärke und Intelligenz *abstreifen*. Während Mode und Sprache verhältnismäßig auffällig sind und vielleicht bewusster wahrgenommen werden, erfolgt das Lesen der Körpersprache als nonverbaler Subtext der Handlung des Gesprochenen wesentlich subtiler und trägt dazu bei, dass der Mensch qua *sozialen Sinns* diesen Unterschied der Körpersprache intuitiv bemerkt, ohne sich dessen zu jeder Zeit kognitiv bewusst zu sein. Diese implizite Information trägt dazu bei, die Bourdieu'sche Idee des *Habitus* als strukturell verankerten Klassengeschmack zu dekonstruieren und ihn zu einer individuell gewählten Ausdrucksform umzudeuten, welche auf persönliche *Dummheit* und *Inaktivität* rekurriert. Dieser hier sowie in anderen Ausdrucksformen transportierte Subtext ermöglicht erst das *Funktionieren* des häufig eingesetzten Mittels der *Übertreibung* als Bloßstellung der Unterschichtskultur als Ausdruck einer individuell gewählten *Geschmacksverirrung*, die im Kontrast zur *bürgerlichen Leitkultur* steht und oft moralische

Konflikte aufwirft (z.B. die Umfunktionierung des benötigten Kinderzimmers für Baby und Mutter zum Hobbyraum für Fußballdevotionalien, vgl. F2, 1[4]). Interessant ist dabei, wie dieser kulturalisierte Unterschied der sozialen Lage als Gefahr für die gesamte Gesellschaft problematisiert wird, in der der Sohn James in seinem Status als *unschuldiges Kind* (und zukünftiger *Leistungsträger*) aus den Fängen der *dummen* und *gefährlichen Unterschicht* gerettet werden muss. Die Bildkomposition und Kameraperspektive trägt zudem dazu bei, den Körper Anton Schmitz', wie in *Abbildung 21* dargestellt, als riesenhaft und massig im Gegensatz zum in weiterer Entfernung als klein erscheinenden James in verschlossener Körperhaltung zu inszenieren und ähnelt damit in der Anordnung klassischer Darstellungen den christlichen Figuren *David und Goliath*. Anton Schmitz wirkt in dieser Einstellung in seiner körperlichen Präsenz viel dominanter und um ein Vielfaches stärker als der eingeschüchterte Hauptschüler. Der körperlich weit unterlegene David erklärt dem Riesen vor dem Kampf:

> David aber sprach zu dem Philister: Du kommst zu mir mit Schwert, Spieß und Schild; ich aber komme zu dir im Namen des HERRN Zebaoth, des Gottes des Heeres Israels, das du gehöhnt hast.
> (Bibel übersetzt nach Luther 1912, Kapitel 17 Vers 14)

Der tapfere Krieger David zieht ähnlich wie James heldenhaft für ein ideelles Ziel (Bildungsaufstieg) gegen ein *Unrechtssystem* in den Kampf – mit dem Unterschied, dass James über keine eigene Gegenwehr (Steinschleuder*)* verfügt und daher das Unrecht nur dank der staatlichen Intervention besiegen kann. Die bildlich dargestellte Bedrohung, die vom *riesig* wirkenden und *gewaltbereit* inszenierten Anton Schmitz als symbolischem Kontrahenten der *Bürgerlichkeit* ausgeht, wird in ihrer Gefährdung einer Person, die inhaltlich-kontextuell als *unschuldig* und bildlich-körperlich als *schwach* und *klein* erscheint, zu einer moralisch-bürgerlichen *Pflicht* erhoben, eine regulierende Intervention in die Familienverhältnisse zu befürworten.

Abb. 21 David und Goliath / Anton und James Schmitz

Quelle: Screenshot (F2,12) sowie Ausmalbild David und Goliath, Online-Quelle: http://tinyurl.com/mqt2kzl, Abrufdatum: 25.07.2014

Im resümierenden Rückblick auf die untersuchten Ausdrucksformen in diesem Kapitel wurde also gezeigt, wie sprachliche, modische bzw. modifikatorische Mittel und gestische Äußerungen in den untersuchten Folgen dazu beitragen, eine spezifischen Körperlichkeit der *Unterschicht* zu zeichnen. Unterstützt durch filmspezifische Inszenierungstechniken (wie z.b. Bildkomposition, Kameraperspektive, Interviewsequenzen, Handkameraführung) folgt die Umsetzung dabei im Wesentlichen dem inhaltlichen Plot der Geschichte und befördert damit die in der Geschichte angelegte Grenzziehung zwischen *Unter-* und *Mittelschicht* als relevante Kategorien der kulturellen Differenz.

5.4.2 Gesundheit

Im Folgenden wird näher darauf eingegangen, wie in den untersuchten Folgen diskursiv mit dem Thema *Gesundheit* als Teil der herrschaftlichen Sphäre der Körpermodulation und -steuerung umgegangen wird. Dazu soll im Näheren zunächst der Bereich der *sportlichen Betätigung*, im Anschluss das Feld der *Ernährung* und schließlich das Wissen über den abstrakten Komplex der *Gesundheit* in den Blick genommen werden. Diese drei Bereiche sind zentral für die Frage nach der Inszenierung des *Unterschichtskörpers*, da sie Einblicke in den diskursiv zugeschriebenen, sozial (un)erwünschten Umgang mit dem Körper in einem hegemonialen Geflecht aus Körperveränderung und -disziplinierung geben. Im Gegensatz zum vorherigen Kapitel, in dem der umgesetzte Körperausdruck im Vordergrund stand, soll nun der Blick dafür geweitet werden, welche Körperideale und -normierungen der *Unterschicht* qua genannter körperverändernder Techniken zugeschrieben werden.

Betrachtet man die Art und Weise, wie *sportliche Betätigung* als Teil einer Körperpolitik in den untersuchten Folgen in Szene gesetzt wird, lässt sich zunächst allgemein feststellen, dass alle zentralen jugendlichen Figuren in bzw. nach einer sportlichen Aktivität gezeigt werden, während die Elterngeneration und Außenstehende (außer der Sportlehrerin Elstner und dem Türsteher Starck, vgl. F2, 30; F1, 32) grundsätzlich nicht beim Ausüben expliziter Sportarten gezeigt oder kontextuell damit in Verbindung gebracht werden. Die Art der ausgeübten Betätigung beschränkt sich bei Familie Schmitz auf die Sportarten Basketball und Bodenturnen und bei Familie Rotkowski auf Fitness bzw. Muskelaufbautraining (vgl. F1, 5; F1, 12; F2, 8; F2, 30). James Schmitz trifft sich in seiner Freizeit mit seinem Freund Jens Nannen, um mit ihm zusammen während eines Gesprächs nacheinander Bälle in die Basketballkörbe zu werfen (vgl. F2, 8) Dabei scheint es weder um das *Spiel* an sich zu gehen, noch um das Trainieren einer Präzisionsübung, die im Sinne der Sportart zweckgerichtet auf ein besseres Spielergebnis zielt. Das langsame Tempo, zeitgleiches Sprechen sowie ein ausbleibender sportlicher Elan deuten darauf hin, dass die beiden Jugendlichen das *Korbwerfen* als Hobby und damit als Selbstzweck praktizieren und keinen direkten sportlichen Ehrgeiz damit verbinden. In einer anderen

Situation in der Folge F2, in der die sportliche Aktivität eine zentrale Rolle spielt, zeigt James seinem Freund Jens stolz eine eingeübte Sprungübung über einen Turnkasten, um sein Talent als zukünftiger Sportlehrer unter Beweis zu stellen. James kündigt seine Selbstpräsentation mit den Worten an: »Jetzt werd ich dir zeigen, was ich drauf habe. Der neue Sportlehrer kommt jetzt mal in Action« (F2, 30). Das Durchführen dieser sportlichen Kür ist also auch in diesem Fall weniger mit dem Wunsch nach einer direkten körperlichen Disziplinierung oder Normierung verbunden, sondern eher Ausdruck seiner Willenskraft und der Befähigung, (auch gegen den Wunsch seiner Eltern) den langen Weg zum Lehramtsstudium einzuschlagen. In der Folge F2 wird die sportliche Aktivität ein drittes Mal thematisiert, als Anton Schmitz seinen Sohn James vom Basketballverein abholt, bei dem James ehrenamtlich als Trainer der Jugendmannschaft arbeitet (vgl. F2, 36). Erneut steht die sportliche Betätigung im direkten Zusammenhang mit James' beruflicher Karriere und wird damit zur (Mit-)Bedingung für seinen Erfolg: Nur wenn er (körperlich und geistig) hart arbeitet, kann sein Traum in Erfüllung gehen. Er trainiert seinen Körper nicht nur aus reinem Vergnügen (vgl. F2, 8), sondern auch mit dem Anspruch, den Einsatz seiner körperlichen Kräfte gemäß etablierter Schulsportarten in der Hoffnung auf einen beruflichen Aufstieg zu optimieren.

Bei Familie Rotkowski hingegen spielt die sportliche Betätigung eine noch zentralere Rolle in der Konzeption der Geschichte. Für Spencer Rotkowski steht die körperliche Disziplinierung in Form des Muskelaufbautrainings im Vordergrund seiner Bemühungen, um sich eine berufliche Perspektive zu schaffen. Spencer Rotkowski scheut weder die Investition in Zeit noch Geld, um seinen Körper im Sinne der beruflichen Anforderungen zu optimieren: Er geht zusammen mit seinem Freund Stefano Donna »fast jeden Tag ins Fitnessstudio« (F1, 11[1]) und gibt das für den Schulbesuch vorgesehene Geld seines Vaters komplett für ein großes Trainingsgerät im heimischen Wohnzimmer aus (vgl. F1, 6). Die Entscheidung *für* das Sportgerät ist gleichzeitig eine klare Entscheidung *gegen* den gesellschaftlich vorgesehenen Weg des Hauptschulabschlusses. Dabei dient diese Regierung des Körpers nicht, wie im Falle James', allein der Einübung berufsrelevanter Kompetenzen zur Chancenerhöhung, sondern ganz explizit dazu, dem Körper eine erwünschte Form zu geben. Spencer möchte durch das (fast) tägliche Training seine »Muskeln […] definieren« (F1, 6), mit der festen Absicht, eines Tages wie ein »Schrank« (F1, 19) auszusehen. Um dieses Ziel zu erreichen, nimmt er die von Donna als *Vitaminpillen* bezeichneten Anabolikatabletten ein, damit er »schön in die Breite gezogen« (F2, 19(22)) werde. Auch wenn ein muskulöser Körper eine pragmatische Schutzfunktion im Berufsalltag des *Türstehers* erfüllen mag, wird im Kontext der Folge doch deutlich, dass der *Muskelkörper* für Spencer Rotkowski und Stefano Donna vor allem ein Statussymbol darstellt: Das Ideal des *breiten*, durch *Muskeln definierten* Körpers verweist indirekt auf eine zuvor geleistete harte Arbeit *mit* und *an* dem eigenen Körper, die nach außen »Respekt« (F1, 12) verschaffe. Der *Muskelkörper* ist jedoch im untersuchten Fall nicht nur eine Ressource im Sinne eines *Körperkapitals,* welches aktiv zur Steigerung des sozialen Ansehens eingesetzt wird, sondern auch integraler Bestandteil einer Körperästhetik, die stark mit einer vorherrschenden Vorstellung von *Männlichkeit* zusammenhängt (mehr dazu vgl. 5.4.3). Dies wird deutlich, als Jutta und Waltraud Rotkowski sich vor einer Freundin mit dem »attraktiven« (F1, 10(13)) Körper ihres (Enkel-) Sohnes brüsten, als dieser seinen Oberkörper auf ihren Wunsch entblößt und seine Muskulatur stolz zur Schau stellt. Ein weiterer Aspekt ist bezüglich des Feldes der körperlichen Betätigung zu nennen: Jutta Rotkowski preist in einem Interviewausschnitt ihren Sohn damit an, dass er singen und tanzen könne und daher sicherlich auch die Tätigkeit eines *Türstehers* gut ausüben würde (vgl. F1, 1(2)). Mit dem Bezug auf *Singen* und *Tanzen* als relevante Qualifikationen für den Beruf eines *Türstehers* zeigt die Figur der Jutta Rotkowski einerseits ihre von der Norm abweichende Sichtweise auf die Anforderungen an einen *Türsteher,* die im Gegensatz zu dem vom Chef des Security-Unternehmens Rolf Mann formulierten Anspruches steht (»Wir wollen Leute, die im Hintergrund arbeiten und nicht im Vordergrund stehen«, F1, 16(20)). Andererseits sind die Kompetenzen ihres Sohnes, die Jutta stolz aufzählt (singen, tanzen, *Türsteher* sein), im Kontext des angelegten Plots, in dem der Hauptschulabschluss und die Ausbildung zum KFZ-Mechaniker als *richtige* Option für Spencer präsentiert werden, Ausdruck ihrer *Hoch*schätzung der Arbeit *mit* dem Körper und damit implizit der *Gering*schätzung der geistigen Arbeit (wie etwa dem Schulbesuch).

In einem zweiten Schritt soll nun neben dem Bereich der *sportlichen Betätigung* auch ein Blick auf die Thematisierung von *Ernährung* in den untersuchten Folgen geworfen werden. Zunächst ist festzustellen, dass nur in der Folge F2 überhaupt explizite Bezüge zur *Ernährung* hergestellt werden, während in der Geschichte rund um Spencer Rotkowski weder Lebensmittel im Bild erscheinen, noch konsumiert werden oder sprachliche Erwähnung finden. Die Nicht-Thematisierung von Ernährungssituationen bei Familie Rotkowski lässt sich zum Teil damit erklären, dass die Geschichte (im Gegensatz zur Folge F2) weniger stark auf den Familienalltag fokussiert ist. Familie Schmitz hingegen wird vier Mal in Situationen gezeigt, in denen sie zum Essen zusammenkommt (oder dieses vorbereitet). Dabei tischen sie in ihrer heimischen Küche einmal Apfelkuchen (vgl. F2, 1) mit Kaffee oder Tee auf und ein weiteres Mal kocht Mutter Sharona selbst ein Gericht, das wie Kartoffelbrei mit Tomatensauce aussieht, wozu James Cola und Ketchup auf den Tisch stellt (vgl. F2, 40). Währenddessen erzählt sie ihrem Sohn entsetzt, dass sie beim Einkauf festgestellt habe, dass die Schlangengurke »diese Woche dreißig Cent mehr« (F2, 40) koste als in der Woche zuvor. In dieser Szene wird die Armut der Familie über das Sujet der *Ernährung* thematisiert: Das zubereitete Gericht liegt in seinem Mangel an einer Fleisch- oder Gemüsebeilage unter dem bürgerlichen Standard und Sharonas Betroffenheit über einen Preisanstieg um 30 Cent offenbart eine stark ausgeprägte materielle Armut der Familie. Allerdings steht diese symbolisierte Armut nicht für sich allein, sondern vermittelt im Zusammenhang mit sehr häufig gezeigtem Zigaretten- und Bierkonsum (vgl. F2, 1; F2, 10; F2, 17; F2, 44) den Eindruck, dass das für eine als gemeinhin *gut* und *gesund* betrachtete Ernährung fehlende Geld nicht (nur) aus einem materiellen Problem, z.B. geringer Hartz-IV-Satz, erwächst, sondern primär aus einer im Sinne des hegemonialen Diskurses *falschen* Prioritätensetzung erfolgt (Gemüse und Fleisch liefern demnach wichtige Nährstoffe, während Zigaretten und Alkohol tendenziell schädlich für den Körper seien). Hinzu kommt, dass der Eindruck vermittelt wird, Anton und Sharona Schmitz vernachlässigten ihre elterliche Fürsorge (keine *ausgewogene* Ernährung für die eigenen Kinder) zugunsten des egoistischen Konsums sogenannter Genussmittel. Der Zigarettenkonsum wird nicht nur als symbolsicher Gegenpol zur *gesunden* Ernährung inszeniert, sondern auch zur schulischen Ausbildung James', als dieser vergeblich um Geld für ein Mathematikbuch bittet (Anton: »Ich habe kein Geld«, F2, 10) und stattdessen Bargeld für den Zigarettenkauf für Vater Anton erhält. Diesen Interessenkonflikt (Schulbuch *oder* Zigaretten) löst Vater Anton wiederholt in ähnlicher Weise zu seinem Gunsten, so etwa, als er später James' für das Mathematikbuch ersparte Geld heimlich für den Kauf eines Fußballtickets für sich selbst ausgibt (vgl. F2, 24). Der Konflikt wird auf die Spitze getrieben, als Familie Schmitz in ihrer »Lieblingsimbissbude« (F2, 26[1]) gemeinsam Pommes Frites verzehrt: Während alle Familienmitglieder sofort beginnen, die frittierten Kartoffelstäbchen mit den Fingern zu essen, hält James das Baby der Schwester im Arm und isst selbst nichts. Immer noch verärgert über die Entwendung des Geldes durch seinen Vater, schimpft er: »Für die Pommes ist hier Geld, oder was?« (F2, 26). James kann im Gegensatz zum Rest der Familie nicht begreifen, warum sie ihm verbieten wollen, das Abitur zu absolvieren und wendet sich daher gegen die Familientradition und das *Pommes-Frites-Essen* als Zeichen des Verharrens in »dem Elend hier« (F2, 1(6)). Damit wird das *Pommes-Frites-Essen* zum Symbol der *Unterschichtskultur*, die James ablehnt und daher selbst auch nicht am gemeinsamen Essensritual teilnimmt. James' Argumentation bezüglich der eher preiswerten *Pommes Frites* unterscheidet sich jedoch folgendermaßen von der Luxusargumentation beim Zigarettenkonsum: Während die Zigaretten symbolisch für den egoistischen und genussorientierten Konsum der Eltern Schmitz und der damit verbundenen Vernachlässigung des Kindeswohls stehen, symbolisiert das Ritual des gemeinsamen *Pommes-Essens* in der »Lieblingsimbissbude« (F2, 6[1]) die störrische anti-bürgerliche Haltung der Familie (»Sharona (36) – hält die Pläne ihres Sohnes für Hirngespinste«, Bauchbinde F2, (25)), die ihren *widerständigen* Traditionen treu bleibt. Nachdem der Konflikt durch die staatliche Hilfe – Intervention des Jugendamtes und der damit verbundenen Aussicht auf finanzielle Unterstützung für James in seinem schulischen Werdegang – aufgelöst wird, ändert sich jedoch deshalb nicht die Grundhaltung der Familie (»Wenn der Staat die Schule nicht bezahlen würde, hätte ich das James nie erlaubt« (F2, 51(59)). Die Schlussszene zeigt die nun fröhlich scherzende Familie Schmitz in der gleichen Imbissbude wie zuvor – mit dem Unterschied, dass nun auch James wohlgemut am Ritual des *Pommes-Frites-Essens* teilnimmt; er also dank der staatlichen Hilfe das Verhalten seiner Eltern hinnimmt, weil er die Perspektive sieht, als *Bildungsaufsteiger* der anti-bürgerlichen *Unterschichtskultur* seiner Eltern selbst einmal entwachsen zu können.

Der dritte hier zu behandelnde Aspekt betrifft den Umgang mit gesellschaftlichem *Wissen über den Komplex der Gesundheit* als Feld der körperlichen Normierung. Im Hinblick auf die Geschichte um Familie Schmitz ist festzuhalten, dass das hegemonial etablierte Wissen um gesundheitliche *Gefahren,* die aus dem Zigaretten- und Alkoholkonsum erwachsen, sowie das diskursiv gesetzte Wissen über eine *gesunde* (ausgewogene) Ernährung seitens der Eltern Sharona und Anton nicht umgesetzt wird und daher im Sinne der hegemonialen wissenschaftlichen Erkenntnisse und geltender Normen als *ungesund* zu bezeichnen ist. Allein daraus ist jedoch nicht eindeutig erkenntlich, ob dies aus Unwissenheit über das etablierte Wissen oder dessen zum Trotz geschieht. Betrachtet man allerdings den zu Ende der Folge F2 geführten Dialog zwischen Anton und James Schmitz, entsteht der Eindruck, dass die Eltern Schmitz sich nicht für das gesellschaftlich etablierte Gesundheitswissen interessieren.

J: Das passt ja total gut, dass wir heut an der Pommesbude sind. Ich hab nämlich heut in der Schule was über die Kartoffel erfahren. Total interessant…

A: Das find ich super, dass du was in der Schule gelernt hast. (lauter) Das ist ja mal was Schönes. Komm, Pommes. (geht schnell in Richtung des Imbisses)

(James und Anton Schmitz, F2, 53)

Weiterführende Informationen über die Kartoffelpflanze, die James in der Schule gelernt hat und stolz seiner Familie unterbreiten will, würgt Anton Schmitz mit dem Einwurf »Komm, Pommes« ab und ist allein auf den Vorgang der Nahrungszunahme fixiert. Hier wird der Eindruck erweckt, dass das theoretische Wissen über Ernährung für Anton keine Rolle spiele und er sich stattdessen ganz seiner Tradition (»Lieblingsimbissbude« F2, 26[1]) und dem Appetit hingäbe (mangelnde Affektkontrolle). Darüber hinaus wird in keiner der Folgen der ausgeführte Sport mit einem gesundheitlichen Interesse begründet, womit eine Priorität anderer Aspekte (berufliche Kompetenzerweiterung, Körperformung, Vergnügen) gegenüber einer gesundheitstheoretischen Perspektive deutlich wird (vgl. F1, 6; F1, 1(4); F1, 10; F2, 30). Ein letzter hier zu erwähnender Hinweis auf die Internalisierung von gesellschaftlichem Gesundheitswissen findet sich im Umgang mit den von Stefano Donna als »Vitaminpillen« (F1, 19) bezeichneten Anabolika.

St: Guck mal, ich verkauf hier so Vitaminpillen im Fitnessstudio von Carlos
so, ne.

Sp: Laber.

St: Alter, wenn du davon welche nimmst, gehst du voll auseinander. Wirst
du voll der Schrank. Wirst auf jeeeeden Fall das nächste Mal genommen,
Alter.

Sp: (zu Jutta) Korrekt, oder?

J: (laut) Super, Junge! Genau dat Richtige! Hau rein…

Sp: Gib mal her.

J: ..und ab auffe Hantelbank!

(Stefano Donna, Spencer und Jutta Rotkowski, F1, 19)

Stefano Donna bietet Spencer Rotkowski zum schnelleren Muskelaufbau *Vit-aminpillen* an, was entgegen dem wahren Charakter der Tabletten eine gesundheitsfördernde statt -schädigende Wirkung suggeriert. Während das Publikum in einem Off-Kommentar darüber in Kenntnis gesetzt wird, dass es sich nur vermeintlich um Vitamintabletten handelt (»mysteriöse Tabletten«, F1, 39[2]), gehen Spencer und seine Mutter Jutta Rotkowski auf Stefanos Angebot vorbehaltlos ein. Hier zeigt sich ein im Sinne des etablierten Gesundheitswissens fehlendes Bewusstsein, dass die Einnahme von Vitamintabletten rein medizinisch gesehen nicht zu dem beschriebenen Ergebnis – extremer Muskelaufbau in kurzer Zeit – führen *kann*. Der Umstand, dass weder Spencer, noch seine Mutter und Großmutter angesichts des angepriesenen Ergebnisses vermeintlicher Vitaminpillen Zweifel hegen, verweist auf einen unkritischen Umgang mit medizinischen Präparaten, da sie Donnas Angebot nicht auf Plausibilität prüfen (können) und ihm leichtgläubig vertrauen. Als Spencer schließlich aufgrund eines durch die Anabolika verursachten Kreislaufzusammenbruchs ins Krankenhaus eingeliefert wird, äußert sich Mutter Jutta erstaunt über den Befund (»Wie jetzt, datt Anabolika waren deine Vitaminpillen und datt is illegal oder watt?«, F1, 42). In ihrem Ausruf und Gebärden wird deutlich, dass sie, Waltraud und Spencer bislang nicht wussten, was Anabolika überhaupt sind. Der Off-Kommentar betont die Ahnungslosigkeit Spencers: »Durch die Aufputschmittel ist der Kreislauf zusammengebrochen und auch das Herz angegriffen. Eine Diagnose, die der angeschlagene Türsteher nicht nachvollziehen kann« (F1, 42[2]). Obwohl grundsätzlich ein Kompetenzgefälle zwischen Arzt bzw. der medizinischen Forschung und dem Patienten bzw. Volk besteht, weisen die Handelnden hier eine besonders geringe Kompetenz im Umgang mit gesellschaftlichem Gesundheitswissen auf, da sie mögliche Nebenwirkungen einer Tablette gar nicht erst in Betracht ziehen und naiv auf das Gesagte vertrauen. Zudem lässt die Formulierung des Kommentars, dass Spencer die Diagnose nicht nachvollziehen könne, offen, ob dies auf seinen mangelnden

Intellekt oder seine Unwissenheit zurückzuführen ist. Auf diesem Wege wird der Eindruck geschaffen, die Familie agiere naiv, dumm und unwissend im Umgang mit gesellschaftlichem Wissen über Gesundheit.

Zusammenfassend lässt sich sagen, dass in den untersuchten Folgen besonders der jugendliche *Unterschichtskörper* als aktiv Sport treibend gezeigt wird. Die sportliche Betätigung dient dabei sowohl der indirekten Erhöhung der *Employability* durch Kompetenzausbau als auch der Erhöhung des Körperkapitals als Statusausdruck geleisteter Körper-Arbeit. Das dargestellte Körperverständnis der *Unterschicht*, in welchem der körperlichen Arbeit – außer von James Schmitz – ein höherer Wert als der geistigen Arbeit zugesprochen wird, steht im starken Widerspruch zu der von den *Mittelschichtsakteur_innen* vertretenen Meinungen sowie der in der Handlung suggerierten *richtigen* Konfliktlösung (in beiden Fällen weiterer Schulbesuch). Im Hinblick auf die Thematisierung von *Ernährung* kann festgestellt werden, dass dieser Bereich eng mit einer Diskussion über persönliche Opportunitätskosten in materiell beengten Verhältnissen verknüpft wird; also der Beantwortung der Frage nach der Präferenz, auf welche Dinge zugunsten anderer verzichtet wird. Die Eltern Schmitz beantworten diese Frage wiederholt mit ihrem unmittelbaren Eigeninteresse (Zigaretten, Alkohol, Pommes Frites) und vernachlässigen damit im Sinne der suggerierten moralischen *richtigen* Lösung das Wohl ihres Kindes James. Die *Ernährung* wird auf diesem Wege zum Politikum stilisiert und knüpft an den allgemeinen Diskurs über die Bedürfnislegitimität Erwerbsloser an und verneint qua Subtext und Konzeption implizit die Frage danach, ob es moralisch *richtig* sei, den (hier gezeigten) Bezieher_innen staatlicher Leistungen die vollständige Konsumfreiheit zu gewähren, wenn dabei die Chancen des Kindes *gefährdet* werden, sich aktiv auf der symbolischen *Bildungsleiter* nach oben zu arbeiten. Im Hinblick auf das gesellschaftlich etablierte Wissen über *Gesundheit* suggerieren die beiden Folgen einen Mangel an Interesse, Wissen und Kompetenz der *Unterschicht,* sich mit hegemonialen Vorstellungen über ein *gesundes* Leben auseinanderzusetzen. Aus einer biopolitischen Perspektive stellen die in den beiden Folgen dargestellten Verhaltensweisen – *ungesunde* Ernährung und der *falsche* Umgang mit etabliertem Gesundheitswissen – eine Gefahr für die erfolgreiche Regierung der Gesellschaft dar: Die dargestellten *Unterschichtsfiguren* entziehen sich diesem Herrschaftssystem, indem sie einerseits aus Unwissenheit (»Wie jetzt, datt Anabolika waren deine Vitaminpillen [...]?«) und andererseits aus Tradition (»Komm, Pommes!«) ihre für die eigene Gesundheit als *schädlich bewertete* Verhaltensweisen beibehalten und damit *gesundheitsfördernden* präventiven Maßnahmen eine Absage erteilen und somit letztlich die Integrität des gesamten Systems bedrohen (z.B. durch erhöhtes Krankheitsrisiko).

5.4.3 Geschlechterrollen und Sexualität

Im Folgenden soll näher darauf eingegangen werden, wie der *Unterschichts-körper* im Hinblick auf Geschlechterrollen und Sexualität präsentiert wird. In einem ersten Schritt soll dabei der Blick auf den Komplex der Beziehungs-modelle und der damit verbundenen körperlichen Normierung im Kontext verschiedener *Geschlechterrollen* geworfen werden, um sich in einem zweiten Schritt den daraus hervorgehenden körperlich präsenten *Schönheitsidealen* zu nähern. Schließlich soll ein Blick darauf geworfen werden, wie die dargestellte Körperlichkeit kontextuell und bildlich mit dem Komplex der *Sexualität* in Verbindung gebracht wird.

Im Hinblick auf die dargestellten Beziehungsmodelle und damit verknüpfte geschlechtsspezifische Rollenbilder ist Folgendes festzuhalten: Alle vier themati-sierten *Liebesbeziehungen* sind als innerhalb der *Unterschicht* verortete, heterose-xuelle Zweier-Beziehungen zu identifizieren und gehen bei der Elterngeneration mit einer Ehe einher. Auffallend ist, dass die geschlechtsspezifischen Rollen-bilder in allen Fällen sehr stark über den Bezug auf Erwerbsarbeit beschrieben werden. Obwohl die in Trennung lebenden Jutta und Lutz Rotkowski beide keiner (regulären) Erwerbsarbeit nachgehen, wird in ihren Auseinandersetzun-gen deutlich, dass Jutta die Erwerbslosigkeit ihres Mannes als Hauptproblem ihrer gescheiterten Beziehung sieht. Der Umstand, dass Lutz »nur Bauarbeiter« (F1, 19) sei und zudem zum gezeigten Zeitpunkt keiner Erwerbsarbeit nach-gehe, veranlasst Jutta dazu, ihn wiederholt zu beschimpfen und ihm jegliches Recht zur Einflussnahme auf ihren Sohn Spencer abzusprechen: »Der soll die Kelle auf'n Bau schwingen, die Pfeife. Der hat gar nichts drauf. Der braucht dir überhaupt nichts sagen!« (F1, 19) Jutta Rotkowskis Aggression richtet sich dabei nicht allein gegen ihren *trägen* Ehemann, sondern vor allem auf die Degradierung ihres eigenen Status' als Ehefrau. Sie erwartet von einem Ehemann, dass dieser Geld für die Familie beschafft (»Die [ihre Freundinnen, B.S.] haben wenigstens Männer mit Geld!«, F1, 6). Da Lutz dieser Erwartung nicht nachkommt, bezeichnet der Rest der Familie ihn als »Waschlappen« (F1, 6) oder »erbärmlichen Trottel« (F1, 6) und echauffiert sich darüber, dass Lutz so wenig seiner Rolle als Ehemann entsprochen habe, dass nun *sogar* seine Ehefrau als *Fußpflegerin* arbeiten müsse (vgl. F1, 6). Andersherum äußert sich Lutz nicht über die Erwartungen, die er an seine Ehefrau stellt, kommentiert jedoch abwertend Juttas Tätigkeit als *Fußpflegerin*, weil er der Meinung ist, ihre »Freundinnen seien doch die besten Kund'n« (F1, 6) – dass also ihre Tätigkeit nicht mit einer *respektablen* Erwerbsarbeit gleichzusetzen sei.

Auch in der Beziehung zwischen Spencer Rotkowski und dessen (Ex-) Freundin Pamela Holler sind ähnliche Rollenmuster im Hinblick auf den Erwerbsarbeitsstatus des Mannes identifizierbar: Holler lehnt die Selbstver-wirklichungspläne ihres Freundes ab, weil »jeder Idiot weiß, Mann, dass man ohne Abschluss nichts« (F1, 8(11)) werde und möchte nicht »irgendwann mit 'n Penner ohne Job da sitzen«. Genau wie bei Jutta Rotkowksi zeigt sich hier nicht nur die Verachtung gegenüber einem erwerbslosen Partner, sondern vor allem die Angst vor dem *da Sitzen,* also einem durch die *Inaktivität* des Partners hervorgerufenen eigenen Statusverlust bzw. die Nicht-Erreichung der angestrebten gesellschaftlichen Position. Diese Orientierung Hollers an einem bürgerlichen Status kommt besonders deutlich zum Ausdruck, als sie ihrem (nun Ex-)Freund stolz berichtet, dass ihr neuer Freund nicht »so ein Loser« (F1, 12(17)) wie er, sondern Maurer sei und ihr ein Haus baue. Die Bezugnahme auf das klassische *Hausbauen* als bürgerliches Ideal in der Ehe wird hier einerseits als ausschließlich männliche Aufgabe definiert (er könne *ihr* ein Haus bauen) und impliziert damit, dass eine als *gut* erachtete Erwerbsarbeit ihre Priorität bei der Partnerwahl ist. Andererseits misslingt hier (ähnlich wie bei der *Mode*) die Anpassungsstrategie an die bürgerliche Vorstellung des *Hausbaus*, da die geäußerte Vorstellung, dass ein Maurer ein Haus bauen könne, offenbart, dass ihr selbst das bürgerliche Wissen um zeitgemäße Modalitäten des *Hausbaus* fehlen (multiprofessionale Arbeitsteilung). Spencer hingegen lehnt Pamelas bürgerlich-konservative Haltung als »lahmes Zeug [...], wie Steuer zahlen und Blablabla« (F1, 8(12)) ab und erwartet von seiner (zukünftigen) Partnerin, dass sie hinter ihm stehe, wenn er seinen beruflichen Traum als *Türsteher* verwirkliche, auch wenn dieser keinen Schulabschluss und schnelle materielle Sicherheit beinhalte.

Peggy Sollmann, Spencers nächste Freundin, befürwortet zu Beginn der Beziehung Spencers Tätigkeit als *Türsteher* (»Ey, Türsteher, voll geil!«, F1, 8), weil er erstens seine Willensstärke zum Ausdruck bringe und zweitens ihren eigenen Sozialstatus erhöhe (»dann kommen wir in alle Clubs rein und die anderen Mädchen sind alle neidisch«, F1, 8(10)). Als sich jedoch abzeichnet, dass die mit der *Türsteher*tätigkeit verknüpften Erwartungen auf Peggys Seite nicht erfüllt werden (sie werden nicht in die Diskothek gelassen, vgl. F1, 26) und schließlich auch noch eine Anzeige wegen Körperverletzung gegen Spencer vorliegt und »die Leute« (F1, 36) darüber reden, beendet sie kurzerhand die Beziehung. Obwohl Peggy Spencers Berufswunsch offener als Pamela gegenübersteht, veranlasst sie die Angst vor dem Statusverlust, mit einem *Kriminellen* liiert zu sein, letztlich doch zu der gleichen Trennungsentscheidung, weil sie »keinen Problemtypen« (F1, 51(57)) mehr wolle. Spencer reagiert mit einem Gegenangriff auf Peggy und hält ihr vor, dass sie als Videotheksangestellte »auch nichts erreicht habe« (F1, 36). Auch hier verhält sich Spencer abweichend vom praktizierten Rollenverständnis der Frau (der Mann ist dafür verantwortlich, das Geld zu beschaffen), weil er die in diesem Sinne unzulässige Frage nach der beruflichen Tätigkeit der Frau stellt. Erst nach der Läuterung durch das Jugendgericht kommt Spencer zur *richtigen* Einsicht, dass er den vorgesehenen Schulabschluss absolvieren müsse, um Peggy zurückzugewinnen (vgl. F1, 55(61)).

In der vierten thematisierten Paarbeziehung zwischen Sharona und Anton Schmitz spielt der Erwerbsstatus des (erwerbslosen) Mannes Anton keine relevante Rolle für die Beziehung der beiden untereinander. Jedoch ist hier im Gegensatz zur Folge F1 erkennbar, dass Sharona Schmitz im Gegensatz zu ihrem Ehemann den größten Teil der Reprodukionsarbeit leistet (Kochen, sich um James kümmern usw.). In fast allen der porträtierten Paarbeziehungen kommt also das traditionell-konservative (männliche) *Ernährermodell* zum Ausdruck, bei dem ausschließlich der Mann dafür verantwortlich ist, das Geld zu verdienen, während die Frau für die (unvergütete) Reproduktionsarbeit zuständig ist. Entsprechend dieser Vorstellung fungiert der (Ehe-)Mann nicht nur als *Hauptverdiener*, sondern hat in seiner Rolle als *Ernährer* auch eine hervorgehobene Rolle in familiären Entscheidungsprozessen. Dies zeigt sich in den Folgen einerseits in Sharonas ständiger Unterordnung unter ihren Mann (»Du tust, was dein Vater dir sagt, der hat mehr Ahnung im Leben als du«, F2, 17), sowie in der im Konzept der Folge F1 angelegten Gegebenheit, dass der Werdegang Spencer Rotkowskis in der hegemonialen Interpretation nur deshalb *aus der Bahn* geraten kann, weil niemand auf die *vernünftigen* Ratschläge des verstoßenen Vaters Lutz hört. Dabei ist bemerkenswert, dass nur in Folge F2 die dominante, männliche Stellung direkt vom Familienvater selbst ausgeht (vgl. F2, 5; F2, 17; F2, 26), während in der Folge um Familie Rotkowski die weiblichen Figuren ein entsprechendes Verhalten der Männer einfordern (»Beschützertyp«, F1, 12(18)) und die vorgefundenen Abweichungen (keine Erwerbsarbeit, keine Entscheidungsfreudigkeit (vgl. F1,28(33)) mit aggressivem Verhalten sanktionieren, wie z.B. Beschimpfen, Schubsen (vgl. F1, 28) und sofortige Beendigung der Beziehung (vgl. F1, 8; F1, 36). Betrachtet man die dargestellten Paarbeziehungen hinsichtlich der geäußerten Emotionalität, zeigt sich, dass besonders in der Folge F1 Pamela Holler und Peggy Sollmann die Beziehungen kurzerhand in einer Streitsituation beenden, weil Spencer ihren Erwartungen nicht gerecht wird (nicht die erwünschte berufliche Position und versprochenen Privilegien). Als Spencer »am nächsten Morgen Trost bei seiner Oma und Mutter« (F1, 10[1]) sucht, entgegnet ihm Waltraud Rotkowski schroff, dass eine beendete Beziehung doch kein »Grund zum Heulen« (F1, 10) sei, während Jutta ihren Sohn tröstend in den Arm nimmt. Als Spencer seine Ex-Freundin am nächsten Tag wiedertrifft und diese erzählt, dass sie noch am Abend der Trennung einen neuen Freund gefunden habe (vgl. F1, 12), beurteilt Spencer dies zwar als *Charakterlosigkeit* (vgl. F1, 12), aber teilt seinem Freund Stefano mit, dass er selbst auch »ne Neue« brauche und lädt einige Minuten später Peggy in die Diskothek ein (vgl. F1, 12). Das schnelle Wechseln von einer in die nächste Beziehung und das impulsive Verlassen des Partners, sobald ein Streit aufkommt, vermittelt den Eindruck, die Charaktere seien *gefühlskalt* und empfänden keine tiefe Bindung zu ihrem (Ex-)Partner. In Rekurs auf die zuvor beschriebene Zentralsetzung des männlichen Erwerbsstatus' in den dargestellten Paarbeziehungen fügt sich dieser Aspekt der emotionalen Zurückhaltung in das traditionelle Rollenmodell, in welchem strategisches Kalkül bezüglich Status und Familienplanung eine größere Gewichtung als postmaterialistischen Werten wie etwa dem Ideal der *Romantik* zukommen.

Im Hinblick auf die Thematisierung von körperlicher Attraktivität und *Schönheitsidealen* gibt besonders die Folge um Spencer Rotkowski aufschlussreiche Hinweise. Besonders die *Attraktivität* des männlichen Körpers wird von den Charakteren immer wieder thematisiert: So belehrt Stefano Donna seinen Freund Spencer, dass ein Mann»Respekt« (F1, 13) ausstrahlen müsse, um für Frauen als attraktiv zu gelten (»bald kannst du alle haben«, F1, 12). Stefano ermuntert Spencer, sich zunächst ein Headset zu kaufen und dann eine Körperhaltung und Mimik einzuüben, die Stefano folgendermaßen ausführt:

> S: So ein bisschen aggressiv so, weißte so ein bisschen böse so, als würd'st du dem gleich eine geben so, ne. Eine Augenbraue hoch vielleicht sogar noch so, ne. Einfach so richtig böse, weißte so. Geil zu den Weibern so, ne und dann aber trotzdem so zu den Spackos so böse gucken und sowas.
> (Stefano Donna, ebd.)

Stefano Donna beschreibt in seiner Schilderung seiner Vorstellung von männlicher *Schönheit*, dass Männer idealerweise eine aggressive Körperhaltung einnehmen sollen (vgl. Kapitel 5.4.1.3), um dabei stets so zu wirken, als wolle er die anderen (konkurrierenden) Männer jeden Moment tätlich angreifen.

Abb. 22 Männlichkeitspose

Quelle: F1,12; 08:44.

Diese Einschüchterungsstrategie als Pose der *Männlichkeit*, die Spencer Rotkowski in *Abbildung 22* bildlich demonstriert (schneller Wechsel des Standbeins, vorgelehnter Oberkörper, zusammengezogenen Augenbrauen mit fixierendem Blick), wirke laut Donna attraktiv auf Frauen. Um seine Kompetenz als Ratgeber über *Männlichkeit* unter Beweis zu stellen, berichtet Stefano über Spencers und seine Erfolge in der Grundschule, wo sie auch schon gemeinsam »immer irgendwelche Mädchen klargemacht« (F1, 12(15)) hätten und »voll begehrt« (F1, 12(15)) gewesen seien. Das Anstreben einer einschüchternden Wirkung auf *Konkurrenten* als Zeichen der *Männlichkeit* in Verbindung mit der abschätzigen Bezeichnung von Frauen als »Weiber« sowie die implizite Annahme, diese seien grundsätzlich immer für sie verfüg- und besitzbar – »du kannst sie *alle haben*« – sind Ausdruck der *Macho*attitüde der beiden. Die Vorstellung *männlicher Schönheit* wird nicht nur im Zusammenhang mit als *attraktiv* betrachteter Körpersprache thematisiert, sondern manifestiert sich besonders deutlich in der Gleichsetzung eines muskulösen Oberkörpers mit *Sexappeal* (vgl. F1, 19(22)).

Abb 23 Männliches Sexappeal

Quelle: (F1, 10; 07:10); (F1, 10, 07:22)

Spencers Mutter, Großmutter und die anwesende Freundin der Mutter bestätigen in ihrer Begeisterung über Spencers entblößten Oberkörper die von Stefano behauptete positive Wirkung eines muskulösen Körpers in einschüchternder Pose auf Frauen (vgl. *Abbildung 23*). Die Frauen deuten lobend auf den Körper ihres (Enkel-)Sohnes und können sich vor Enthusiasmus kaum mit Lob zurückhalten:

W: Ist dat nicht 'n hüscher?

F: Total hübsch…

W: Dieser Blick…genau wie Oppa! (laut) Ne?

(Waltraud Rotkowsi, Jutta Rotkowski und deren Freundin, F1, 10)

Die schnelle, begeisterte Reaktion der (Groß-)Mutter und der außenstehenden Freundin vermittelt den Eindruck, dass das Männlichkeitsideal des *Machos* von vielen Frauen aus der *Unterschicht* unhinterfragt geteilt werde.

Bezüglich des präsentierten *Ideals von Weiblichkeit* finden sich viele bereits angesprochene, implizite Verweise im Ideal der *Männlichkeit* (z.B. Frauen sollten verfügbar sein, den männlichen Körper bewundern usw.), jedoch nur wenige explizite Verweise auf ein konkretes körperliches Schönheitsideal von *Weiblichkeit* (neben den bereits behandelten Formen des körperlichen Ausdrucks, vgl. dazu 5.4.1), sodass in diesem Rahmen nicht vertieft darauf eingegangen wird.

Im letzten hier zu erörternden Schritt soll nun noch auf die in den Folgen beobachtbare Thematisierung von *Sexualität* bzw. dem Umgang mit sexuellen Bedürfnissen eingegangen werden. Die starke Fokussierung auf männliche Zurschaustellung der (körperlichen) Dominanz geht einher mit der Abwertung in diesem Sinne nicht-konformer Männlichkeit. So kommentiert der *Türsteher* Zander Starck, der Spencer zuvor zu Fall gebracht hatte, den Vorschlag der Versöhnung Spencers und Stefanos, damit, dass er nicht *schwul* sei (vgl. F1, 32). Die beiden Männer reagieren schnell und versichern, dass sie auch nicht *schwul* seien, aber Zander bleibt bei der Meinung, dass ihre »Arschkriecherei« (F1, 32(36)) eben nicht männlich und damit *schwul* sei. Diese diskriminierende, heteronormative Äußerung verdeutlicht einerseits die Zentralität der heterosexuellen Orientierung in Konstrukt der Männlichkeit und andererseits den schmalen Grat der präsentierten Männlichkeit, bei der eine Abweichung von den gesetzten Normen schnell bedeutet, als »Waschlappen« (F1, 6), »Loser« (F1, 12(13)) usw. zu gelten. In diesem Zusammenhang muss auch der häufige mehrdeutige Bezug auf sexuelle Bedürfnisse gesehen werden. So verwenden Spencer Rotkowksi und Stefano Donna häufig unspezifische Verben in Bezug auf den Umgang mit Frauen: Als etwa Spencer darüber klagt, dass seine Freundin Pamela die Beziehung beendet habe und er daher »ne Neue« *brauche* (vgl. F1, 12) oder als Stefano davon spricht, dass man mit Respekt alle Frauen *haben* könne, wird der Eindruck erweckt, dass der Mann sich eine (Sexual-)Partnerin nach Lust und Bedarf *nehmen* könne, wenn er nur ein ausreichend *männliches* Verhalten an den Tag lege. Diese allgemeinen Formulierungen lassen einen gewissen Interpretationsraum über die Art des Bedürfnisses, eine neue Freundin zu brauchen (rein sexuell/psychisch/aus Prestigegründen etc.) oder darüber, was es bedeutet, eine Frau zu *haben,* offen und wirken damit als allgemeiner Besitzanspruch des Mannes, sich der Weiblichkeit in gerade gewünschtem Maße und Art zu *bedienen.* Vor diesem Hintergrund ist auch Spencers Kommentar zu verstehen, dass ihm als Türsteher »die Nummern nur so zufliegen« (F1, 8) würden, dass ihm also dank seines *männlich-aggressiven* Auftretens eine große Auswahl an Liebes- und Sexualpartnerinnen zur Verfügung stünden, aus denen er wählen und diese ggf. nacheinander *konsumieren* könne. Auch ein Plakat in seinem Zimmer, auf dem eine Reihe nackter Frauenkörper (Rückenansicht mit Fokus auf die Gesäße und über die Schulter blickende Köpfe) an einem Strand aufgereiht hintereinanderstehen (vgl. F1, 28), fügt sich in das Bild des

Macho-Ideals ein, in dem der Mann idealerweise Zugriff auf eine Ansammlung verfügbar gemachter weiblicher Körper als Objekte *männlicher* Sexualität haben kann (und soll). Die Abbildung hintereinander aufgereihter entblößter Gesäße transportiert dabei das korrespondierende Bild zu einer *Macho*-Erotik, die nicht mit lasziven Andeutungen spielt, sondern in welcher der Mann direkten (optischen) Zugriff auf weibliche, (sekundäre) Geschlechtsmerkmale haben will.

Ähnlich konkret wird die Formulierung des Bedürfnisses nach einer Frau in Stefano Donnas Reaktion auf seine mehrmonatige Haftstrafe: »Ich will einfach nur noch diese Zeit absitzen, dann alles besser machen, so. Boa, die nächste Zeit ohne Frau, das wird richtig hart, aber… muss ich durch, muss ich gucken« (F1, 55(60)). In der Formulierung schwingt die Aussage mit, dass das Schlimmste an der Gefängnisstrafe die sexuelle Abstinenz sei, was den Eindruck erweckt, dass er sich nicht in der Lage fühle, seine sexuellen Bedürfnisse unter Kontrolle zu bringen und daher am meisten unter dieser (Freiheits-)Einschränkung leide. An der Art, wie Stefano dies hervorbringt, ist deutlich spürbar, dass er sich für die in der Äußerung nicht etwa schämt, sondern im Gegenteil, dass es für ihn zur Inszenierung einer *richtigen Männlichkeit* gehört, seine Potenz und einen unkontrollierbaren sexuellen Trieb zur Schau zu stellen, um auf dem schmalen Grat der inszenierten *Männlichkeit* klar zu markieren, dass ein eindeutig heterosexuelles und explizit sexuelles Bedürfnis besteht und sich damit nicht der Gefahr auszusetzten, als *Waschlappen* oder *schwul* zu gelten. Neben den direkten Bezügen auf sexuelle Bedürfnisse verweist auch die in Folge F2 gezeigte 15-jährige Mutter Tina Schmitz indirekt auf einen wenig kontrollierten Umgang mit Sexualität (z.B. in Form von mangelnder Verhütung) in der *Unterschicht*. Als die beiden Gymnasiasten Heiko und Stefan das Baby Luna in James' Zimmer entdecken, reagieren sie irritiert auf die (angenommene) frühe Vaterschaft James' (»Krass! Bist du Vater? «, F2, 44). Das Verhalten der Jungen lässt darauf schließen, dass es für sie – im Gegensatz zu Familie Schmitz – sehr ungewöhnlich ist, mit 15 bzw. 16 Jahren Vater zu sein.

Zusammenfassend lässt sich über die Normierung des Körpers im Hinblick auf Geschlechterrollen, damit verbundenen Schönheitsidealen und der Thematisierung von Sexualität sagen, dass diese Topoi vor allem in der Folge um Spencer Rotkowski präsent sind. Die dargestellten, ausschließlich heterosexuellen Beziehungsmodelle der Repräsentant_innen der *Unterschicht* entsprechen einem traditionell-konservativen *Ernährermodell*. Die damit verbundenen Erwartungshaltungen – der Mann solle das Geld verdienen, während die Frau sich der Reproduktionsarbeit widmet – werden vor allem von den weiblichen Figuren immer wieder fordernd formuliert. Die weiblichen Charaktere akzeptieren die männliche Dominanz jedoch nur, *falls* die Männer ihrer Ernährerrolle nachkommen und sie damit über strategische Statusvorteile verfügen; im Falle des männlichen *Versagens* findet eine entsprechend harte Sanktionierung in Form einer schnell entschlossenen Trennung statt. Die in den

Folgen präsentierten Paarbeziehungen suggerieren eine Gefühlskälte der *Unterschicht*, welche im Gegensatz zum Ideal der Romantik steht. Die dominante Rolle der Männer ergänzt sich mit einem Konzept männlicher Attraktivität, welches den *Muskelkörper* als Ideal setzt und *Männlichkeit* in aggressiver Pose inszeniert sieht. Der muskulöse Manneskörper strahlt als Symbol für geleistete Körper-Arbeit und Aktivität eine Anziehungskraft auf die Frauen aus und gibt den Männern ihrer Einschätzung nach das Recht und die Möglichkeit, über den weiblichen Körper nach Lust und Bedürfnis zu verfügen. Dabei kann das fragile Konstrukt der idealen *männlichen* Identität schnell ins Wanken geraten, sodass die Charaktere ihre sexuelle Potenz und Triebhaftigkeit in aggressiver Weise immer wieder selbst inszenieren, um sich nicht der Gefahr auszusetzen, als *unmännlich* zu gelten. Die der *Unterschicht* zugeschriebene Dominanz des Macho- bzw. Patriarchen-Ideals wird stark überzeichnet und ins Lächerliche gezogen (»schon in der Grundschule Mädchen klargemacht«, F1, 12(15)) und im Sinne des Subtexts der erzählten Geschichte als ablehnungswürdig inszeniert. Anders verhält er sich beim Rekurs auf das *Ernährermodell*, welches nicht so eindeutig kritisch hinterfragt wird.

6. Zusammenfassung der empirischen Ergebnisse

Die empirische Strukturanalyse hat verdeutlicht, dass beide untersuchten Folgen nach einem klassischen aristotelischen Aufbau in fünf Handlungsphasen strukturiert sind und der zentralen Frage nachgehen, welche berufliche Perspektive für Jugendliche aus *Unterschichtsfamilien* der moralisch *richtige* Weg ist. Dabei ist der Ausgangspunkt jeweils eine von der Familie vorgezeichnete Option im Hinblick auf den Werdegang der Kinder (Schulabbruch, Lehre), welche auf Widerstand von außerhalb (und einer Minderheit von Figuren innerhalb des sozialen Umfelds) trifft und damit zum zentralen Streitpunkt wird. Durch wenig ambivalente Charaktere wird eine klare Zuteilung der Charaktere in Pro- und Contra-Seite befördert, während Off-Kommentare und Handlungsverlauf die eindeutige Botschaft der moralisch *richtigen* Lösung des Problems transportieren (in beiden Fällen Schulbesuch). Dabei werden gängige gesellschaftliche Normen und Werte (wie z.B. die Befürwortung der Institution der Schule) von den Akteuren der *Unterschichtsfamilien* (außer James Schmitz und Lutz Rotkowski) durchweg abgelehnt und in der erzählten Geschichte als Minderheitsmeinungen inszeniert, die von außen an die Familien herangetragen werden. Das widerständige Verhalten der zentralen *Unterschichtsakteur_innen* gegenüber den Repräsentant_innen der suggerierten *richtigen* Lösung geht dabei durch eine unausgewogen negative Darstellung der ideologisch *falschen* Seite (stur, dumm, aggressiv) einher, während die Gegenseite tendenziell entsprechend positiver inszeniert wird (besonnener, intelligenter, ruhiger). Zahlreich eingestreute Versatzstücke aus Einzelinterviews ermöglichen, die subjektiven Handlungsmotive der Figuren ohne Spielraum für (wohlwollende) Spekulation darzulegen, sodass die *falsche* Seite als solche eindeutig moralisch abgewertet werden kann[14]. Erst mit dem Eingreifen staatlicher Instanzen kann schließlich der Widerstand der *Unterschicht* gebrochen und damit die moralisch *richtige* Lösung durchgesetzt werden. Konkret bedeutet diese *richtige* Lösung in beiden Fällen der (erneute, weitere) Schulbesuch und impliziert, dass eine Notwendigkeit besteht, dass der Staat in die dargestellten Verhältnisse der Armut einzugreifen hat, wenn das *Wohl* der Kinder auf dem Spiel steht. Diese Einstellung beruht auf der Grundannahme, dass die thematisierten ungleichen sozialen Bildungschancen kein strukturelles Problem seien (durchlässiges, dreigliedrige Bildungssystem), sondern allein auf ein individuelles Fehlverhalten

---

14   Dies wird z.B. deutlich als Sharona Schmitz in einem Interview ihre Verweigerung des Nachhilfeunterrichts für ihren Sohn nicht primär mit materiellen Gründen begründet (*Wir würden ja gerne, aber können es uns einfach nicht leisten*), sondern mit der Aussage: »Wir leben hier in Deutschland und nicht in England! « (F2,1(4))

des sozialen Umfeldes zurückzuführen seien, da die selbst *passiven* Eltern ihren Kindern keine Bildungsaspirationen vermitteln und ihren Nachkommen ihren eigenen *Unterschichtsstatus* weitervererben, falls keine äußere (staatliche) Instanz eingreift.

Im Hinblick auf die Feinanalyse ergibt sich folgendes Bild der körperlichen Inszenierung der *Unterschichtsakteur_innen*: Bezüglich des *sprachlichen Ausdruckes* ist festzuhalten, dass die Repräsentantinnen der *Unterschicht* im Gegensatz zu den *Mittelschichtscharakteren* figurative Sprache häufig fehlerhaft einsetzen sowie durchgängig die Umgangssprache in Kombination mit vulgärsprachlichen Ausdrücken und Schimpfwörtern sowie ggf. Jugendjargon verwenden. In der meist mundartlich gefärbten Sprache missachten die Handelnden häufig sprachliche Grammatik- und Höflichkeitsregeln und sprechen im Vergleich zu den anderen Figuren deutlich melodischer und lauter. Diese dargestellten abweichenden sprachlichen Ausdrucksmittel der *Unterschicht* deuten auf eine erhöhte Impulsivität in Konfliktsituationen hin, welche suggeriert, dass es den *Unterschichtsfiguren* an einer *Kultivierung* im Sinne der Affektkontrolle mangelt (lautes aggressives Sprechverhalten in Konflikten). Das häufige Einsetzten von Schimpfwörtern und Vulgärsprache verstärkt diesen Eindruck der *Unkultiviertheit* im Sinne eines von bürgerlich-normierten Sprachkonventionen abweichenden Verhaltenskodexes. Die dargestellten sprachlichen Eigenheiten der *Unterschicht* werden in ihrer starken Abgrenzung von der dargestellten *Mittelschichtsnorm* (hochdeutsch, ruhig artikulierend) als kulturelle Barriere inszeniert, was besonders deutlich zum Ausdruck kommt, wenn die handelnden Figuren einwenden, »das Hochdeutsch« (F1, 49(54)) der Außenstehenden nicht zu verstehen. Das von seinem sozialen Umfeld abweichende Sprachverhalten der Figur James Schmitz verdeutlicht zudem die potenzielle Möglichkeit, sich der *unkultivierten Unterschichtssprache* willentlich zu entziehen und symbolisiert somit die Option einer kulturellen Ablösung von der *Unterschichtskultur*.

Die dargestellte Mode der Figuren aus der *Unterschicht* wird im Gegensatz zu den *Mittelschichtsfiguren* durch dezentere Farben, Standardschnitte mit auffälligen Schriftzügen bzw. Grafiken und das dezente Tragen von Schmuck charakterisiert. Dabei tragen die weiblichen Figuren figurbetonte Kleidung, während die männlichen Charaktere weit geschnittene, sportlich-legere Bekleidung bevorzugen. Auffällige Merkmale der *Unterschicht* sind zudem Tätowierungen, Blondierungen (mit sichtbarem Ansatz) sowie das Tragen eines Bartes. Der gezeigte Bekleidungsstil der *Unterschicht* deutet auf einen an der (kostengünstigen), industriellen Massenproduktion (Standardschnitte, modische Aufdrucke usw.) orientierten *Massengeschmack* hin, welcher sich deutlich vom distinguierten Individualgeschmack der *Mittelschichtscharaktere* unterscheidet. Bezüglich der Modifikation des körperlichen Ausdrucks lassen sich zwei konträre Strategien erkennen: Besonders die *Unterschichtscharaktere*, die sich ihrem sozialen Umfeld entgegenstellen und eine im Sinne des Handlungszusammenhangs moralisch *richtige* Position vertreten (z.B. Pamela Holler, Peggy Sollmann), greifen modisch auf eine *Anpassungsstrategie* an bürgerliche Normen zurück, die es jedoch in ihrer Bemühtheit nicht schafft, die *feinen Unterschiede* der modischen Distinguiertheit einzuebnen. Die andere erkennbare Strategie ist die einer anti-bürgerlichen Körperpraxis, die besonders markant von Anton Schmitz repräsentiert wird und ganz offen mit modernen bürgerlichen Modeidealen bricht.

Hinsichtlich der eingesetzten Körpersprache lässt sich feststellen, dass die Gesten der Repräsentant_innen der *Unterschicht* in unterschiedlichen Situationen generell ausladender, dominanter, hektischer und aggressiver wirken, während die *Mittelschichtsfiguren* eher zu ruhigen, vermittelnden Körpersignalen tendieren bzw. in Konfliktsituationen keine Angriffs- sondern Überhebungsposen ergreifen, mit denen sie sich symbolisch vom Gegenüber distanzieren. Dieser Unterschied suggeriert einerseits erneut eine mangelnde Kontrolle des Affektes der *Unterschicht* (körperliche Drohung als Reaktion auf verbalen Angriff) und andererseits eine durch *Territorialverhalten* markierte Drohung mit körperlicher Aggression, welche die *Unterschicht* – auch im Umgang mit ihren *schutzbedürftigen* Kindern – als *einschüchternd* und *bedrohlich* in Szene setzt.

In Bezug auf den Themenkomplex der *Gesundheit* und körperlicher Betätigung werden die jugendlichen Akteure der *Unterschicht* explizit bei (oder kurz nach) sportlichen Aktivitäten gezeigt. Die sportliche Betätigung steht bei den beiden (Anti-)Helden der Geschichten in direktem Zusammenhang mit ihrer beruflichen Perspektive und entspringt damit keinem reinen Vergnügungsmotiv, sondern stellt primär eine Form der Aufwertung des eigenen *Körperkapitals* dar. Besonders in der Folge F1 wird deutlich, dass die Körpermodulation zum *Muskelkörper* qua Sport ein als im gezeigten sozialen Umfeld erstrebenswertes Schönheitsideal des Mannes gilt, welches die geleistete disziplinierende Körperarbeit in Form von Prestige (»Respekt«) honoriert. Im Hinblick auf den Umgang mit Ernährung wird besonders in F2 die materielle Armut in der Wahl der Speisen sichtbar, welche jedoch mit einem häufig gezeigten *Luxuskonsum* von Genussmitteln konfligiert. Somit wird die materielle Armut als unmittelbare Hauptursache für die gezeigten Ernährungsdefizite disqualifiziert; es wird vielmehr der Eindruck erweckt, dass die Eltern falsche Prioritäten setzten und damit ihrer elterliche Fürsorgepflicht zugunsten ihres persönlichen egoistischen Genusses nicht nachkommen (Nikotin *statt* Nährstoffe). Im Symbol der *Pommes-Frites* kommt zum Ausdruck, dass die *Unterschichtseltern* Sharona und Anton jedoch nichts an ihren, im Sinne des hegemonialen Diskurses, *falschen* Traditionen ändern wollen und lieber *trotz* ihrer Erwerbslosigkeit »zufrieden« (vgl. F2, [1]) im »dem Elend hier« (F2, 1(6)) verharren wollen. Dieses Festhalten an *gesundheitsschädigendem* Verhalten zuungunsten einer *gesunden Ernährung* macht den gezeigten *Unterschichtscharakteren* damit in einer *Aktivgesellschaft schuldig* an den Menschen, welche mittels präventivem Verhalten ihre Kosten für die Allgemeinheit im Sinne eines verminderten *Krankheitsrisikos* möglichst geringhalten. In diesem Zusammenhang zeigt sich auch bezüglich des Gesundheitswissens, dass die portraitierten Akteur_innen aus der *Unterschicht* kein Interesse an Ernährungswissen zeigen, kein kritisches Bewusstsein im Umgang mit Medikamenten pflegen und keinerlei Eigeninteresse zeigen, Gesundheitsrisiken vorzubeugen.

Bei Betrachtung der Thematisierung der *Geschlechterrollen* und *Sexualität* bzw. der damit verbundenen körperlichen Normierung ist festzustellen, dass es sich bei den gezeigten *Liebesbeziehungen* ausschließlich um heterosexuelle Paarbeziehungen handelt, in denen ein traditionelles Ernährermodell vorherrscht. Im Kontext dieser Wertvorstellungen wird der berufliche Erfolg des Mannes als zentral für die gesellschaftliche Anerkennung in Form des Status und als Bedingung für die weibliche Bewunderung gesetzt. Das gezeigte Attraktivitätsideal des männlichen *Unterschichtskörpers* kommt symbolisch im einschüchternden Inszenesetzen des *Muskelkörpers* zum Ausdruck und suggeriert damit männliche Durchsetzungskraft und Dominanz im Sinne eines Machismus'. Das Pendent zum männlichen *Muskelkörper* stellt der sexuell verfügbar gemachte weibliche Körper als Gegenstand männlicher Dominanz dar.

Die empirischen Ergebnisse haben insgesamt gezeigt, dass die in den untersuchten Folgen präsenten Darstellungen der *Unterschicht* einer Kulturalisierung der *Unterschicht* im Sinne der Debatte um die *Neue Unterschicht* Vorschub leisten, indem strukturelle Faktoren systematisch ausgeblendet werden. Die Begründung des konzeptionell als *Fehlverhalten* deklarierten Handelns der *Unterschichtsakteur_innen* verweist damit auf ihre *problematische* Kultur (vulgär, aggressiv, dumm usw.), welche im Gegensatz zur bürgerlichen Leistungsideologie steht. Die Wandlung der beiden Protagonisten demonstriert die qua Willenskraft (und staatlicher Intervention) bestehende *Exit-Option* aus dieser Kultur des »Elends« (F2, 1(6)), und die damit verbundene individuelle Schuld derer, die sich ihr nicht *aktiv* entgegenstellen.

7. Fazit

»Mein Sohn, der braucht kein Astronaut zu werden.
Wir sind ganz normale Leute.«

(Sharona Schmitz, F2,5)

Die televisuell inszenierten Erzählungen der *Geschichten wie aus dem Leben* im untersuchten Scripted-Reality-Format *Familien im Brennpunkt* transportieren eine spezifische Form gesellschaftlichen Wissens, welches tagtäglich einem Massenpublikum vermeintliche Einblicke in das Leben (anderer) *einfacher* Menschen gibt. In der Konzeption der erzählten Episoden aus dem *Familienalltag* nehmen die Figuren, die der *Unterschicht* zugeordnet werden können, dabei meist eine von der kontextuell *richtigen* Einstellung abweichende Position ein und vertreten diese unnachgiebig, bis das widerständige Verhalten durch eine staatliche Intervention gebrochen wird und die getroffenen Fehlentscheidungen im Sinne der herrschenden Leistungsmaxime korrigiert werden (hier: *leistungsgerechte* Integration in den Arbeitsmarkt).

Im Hinblick auf die Inszenierung der Ausdrucksformen des *Unterschichtskörpers* zeigt sich, dass die *Unterschichtsakteur_innen* im Unterschied zu den gezeigten Figuren der *Mittelschicht* über einen vulgären, formal fehlerhaften Sprachgebrauch verfügen, sowie sehr häufig in auslandenden, gebieterische Drohgebärden dargestellt werden. Die hier suggerierte mangelnde Affektkontrolle sowie ein für die Gesellschaft *gefährliches* Aggressionspotenzial verbinden sich mit einem *Machismus*, in welchem der männliche *Muskelkörper* als erotisches Symbol des aktiven Leistungsträgers inszeniert wird, welcher das uneingeschränkte Recht hat, sich den weiblichen Körper nach seinem Belieben verfügbar zu machen und zu *nehmen*. Insgesamt weisen die Darstellungen des *Unterschichtskörpers* zentrale Überschneidungen mit dem in der Debatte um die *Neue Unterschicht* aufgeworfenen Klischees auf und suggerieren, dass das thematisierte Problem der Bildungsbarriere nicht auf strukturelle Ungleichheiten, sondern ausschließlich auf ein individuelles Fehlverhalten im Sinne einer *Kulturalisierung von Unterschicht* zurückzuführen ist, welche nur mit dem Aufbrechen der individuellen anti-bürgerlichen Einstellungen – notfalls mithilfe staatlich richtender Erziehung und Intervention – lösbar ist. Es wird damit die Angst geschürt, die *Unterschicht* befände sich in einem kulturellen *Loslösungsprozess* von der bürgerlichen *Mehrheitsgesellschaft*, deren Inhalte und Werte sie nicht mehr teilten. Die *Unterschichtscharaktere* machen sich im Sinne des Aktivstaates *schuldig* an der Gemeinschaft, da sie einerseits einer neoliberalen *Selbstfürsorge* nicht nachkommen, indem sie sich einer gesundheitlichen *Prävention* entziehen und andererseits indem sie in passiven traditionsbewussten Handlungsmustern verharren (wollen) – welche sie selbst als *Normalität* definieren – und damit auch die Maximierung des gesellschaftlichen *Werts* ihrer Söhne als zukünftige

Arbeitsmarktteilnehmer gefährden. Diese massenmediale Inszenierung der *Unterschichtskultur* als Barriere gesellschaftlicher Integration (und des damit verbundenen hier thematisieren Bildungsaufstiegs) birgt die Gefahr, dass allein schon die körperliche Disposition, die der *Unterschicht* im Sinne eines *Klassengeschmacks* zugeschrieben wird, stigmatisierend auf die gesamte Gruppe der *unteren* Klassenlagen als vermeintlicher Ausdruck ihrer leistungsverweigernden Haltung der *Passivität* zurückfällt.

8. Literatur

Alberti, Matthias (2003):
Glaubwürdig, lebensnah, relevant – Die neuen Real People Docu Soaps. In: MME Moviement Gruppe (Hrsg.): Perspektiven, 3, Online-Quelle: http://kunden.01dd.de/kunden/filmpool/pdf/perspektiven_2_03.pdf, Abrufdatum: 02.06.2014.

Amend, Christoph (2005):
Was guckst du? In: Die Zeit 11/2005, Online-Quelle: http://www.zeit.de/2005/11/Titel_2fUnterschicht_11, Abrufdatum: 02.06.2014.

Baron, Christian/Steinwachs, Britta (2012):
Faul, Frech, Dreist. Die Diskriminierung von Erwerbslosigkeit durch BILD-Leser*innen. Münster.

Brauer, Sabrina (2007):
Gerichtsshows als Hybridgenre. In: Döveling, Katrin/ Mikos, Lothar/ Nieland, Jörg-Uwe (Hrsg.): Im Namen des Fernsehvolkes. Neue Formate für Orientierung und Bewertung. Konstanz.

Bundesministerium für Familie, Senioren, Frauen und Jugend (BMFSFJ) (2010):
Integrationsgipfel: Schröder unterstreicht Prinzip »Fördern und Fordern«. Online-Quelle: http://www.bmfsfj.de/BMFSFJ/familie,did=164030.html, Abrufdatum: 03.06.2014.

Bohn, Cornelia/Hahn, Alois (2007):
Pierre Bourdieu. In: Kaesler, Dirk (Hrsg.): Klassiker der Soziologie. Band II. Von Talcott Parsons bis Anthony Giddens. 5., überarbeitete, aktualisierte und erweiterte Auflage, München, S.289-309.

Böckelmann, Frank/ Hesse, Kurt (1996):
Wem gehört der private Rundfunk? Konstanz.

Bröckling, Ulrich (2002):
Jeder könnte, aber nicht alle können: Konturen des unternehmerischen Selbst. In: Mittelweg 36, Zeitschrift des Hamburger Instituts für Sozialforschung, Issue 04/2002, Online-Quelle:http://www.eurozine.com/pdf/2002-10-02-broeckling-de.pdf, Abrufdatum: 15.05.2014.

Bröckling, Ulrich (2007):
Das unternehmerische Selbst. Frankfurt/Main.

Bourdieu, Pierre (2012):
Die feinen Unterschiede. Kritik der gesellschaftlichen Urteilskraft, 22. Auflage, Frankfurt/Main.

Bublitz, Hannelore (2006):
Sehen und Gesehenwerden. In: Gugutzer, Robert (Hrsg.): body turn. Perspektiven der Soziologie des Körpers und des Sports. Bielefeld. S.341-361.

Chassé, Karl August (2010):
Unterschichten in Deutschland. Materialien zu einer kritischen Debatte. Wiesbaden.

Danilina, Anja/Kausch, Stefan/Müller, Annekathrin/ Roscher, Tobias (2008):
Einleitung: Zur Analyse und Kritik gesellschaftlicher Verhältnisse. In: Altenhain, Claudio/Danilina, Anja/Hildebrandt, Elke/Kausch, Stefan/ Müller, Annekathrin/Roscher, Tobias (Hrsg.): Von »Neuer Unterschicht« und Prekariat. Gesellschaftliche Verhältnisse und Kategorien im Umbruch. Bielefeld. S. 9-31.

dpa (2014):
Studie: Tattoo-Träger in allen Schichten der Gesellschaft. In: Sueddeutsche. de, Online-Quelle:http://www.sueddeutsche.de/news/kultur/mode-studie-tattoo-traeger-in-allen-schichten-der-gesellschaft-dpa.urn-newsml-dpa-com-20090101-140522-99-01763, Abrufdatum: 22.07.2014.

Drews, Axel/Gerhard, Ulrike/Link, Jürgen (1985):
Moderne Kollektivsymbolik. Eine diskurs-theoretisch orientierte Einführung mit Auswahlbibliographie. In: Internationales Archiv für Sozialgeschichte der deutschen Literatur, 1. Sonderheft Forschungsreferate, Tübingen. S.256-375.

Duden (2013):
Ordinär. Online-Quelle: http://www.duden.de/rechtschreibung/ordinaer, Abrufdatum 25.07.2014.

Eick, Dennis (2007):
Programmplanung : die Strategien deutscher TV-Sender. Konstanz.

Elsbeck, Gregor (2011): Die Geschichte der deutschen Daily- Talkshows. Online-Quelle:
http://www.quotenmeter.de/n/49010/die-geschichte-der-deutschen-daily-talkshows, Abrufdatum: 02.05.2014.

Engel, Esteban (2006):
TV ersetzt die reale Welt. In: der Stern 01.11.2006. Online-Quelle: http://www.stern.de/politik/deutschland/unterschichtenfernsehen-tv-ersetzt-die-reale-welt-575310.html, Abrufdatum: 04.06.2014.

filmpool (2014):
Entertainment. Online-Quelle: http://www.filmpool.de/entertainment-588.html, Abrufdatum: 12.05.2014.

filmpool (o.A.):
Familien im Brennpunkt. Online-Quelle: http://www.filmpool.de/familien-im-brennpunkt-inhalt.html, Abrufdatum: 16.06.2014.

Fischer, Heinz-Dietrich (1993):
Skizzen zur Entwicklungsgeschichte privaten Hörfunks und Fernsehens. In: Fischer, Heinz-Dietrich/Jubin, Olaf (Hrsg.): Privatfernsehen in Deutschland. Frankfurt/Main. S.13-48.

Friedrich-Ebert-Stiftung (FES) (2006):
»Gesellschaft im Reformprozess«. Die Friedrich-Ebert-Stiftung untersucht Reformbereitschaft der Deutschen. Online-Quelle: http://www.fes.de/aktuell/documents/061017_Gesellschaft_im_Reformprozess_komplett.pdf, Abrufdatum: 25.05.2015.

Foucault, Michel (1978) :
Dispositive der Macht. Michel Foucault über Sexualität, Wissen und Wahrnehmung. Berlin.

Foucault, Michel (1994):
Das Subjekt und die Macht. In: Dreyfus, Herbert L./Rabinow, Paul (Hrsg.): Michel Foucault. Jenseits von Strukturalismus und Hermeneutik. Weinheim. S.243-261.

Foucault, Michel (1995, zuerst 1973):
Archäologie des Wissens, Frankfurt/Main.

Foucault, Michel (2004a, zuerst 1977/78):
Geschichte der Gouvernementalität. Band 1: Sicherheit, Territorium, Bevölkerung. Vorlesung am Collège de France 1977-78, Michael Sennelart (Hrsg.), Frankfurt/Main.

Foucault, Michel (2004b, zuerst 1977/78):
Geschichte der Gouvernementalität. Band 2: Die Geburt der Biopolitik, Vorlesung am Collège de France 1977-78, Michael Sennelart (Hrsg.), Frankfurt/Main.

GEO Wissen (2005):
Gleichgültigkeit. In: GEO Wissen, Sünde und Moral. Themenheft Nr. 35. S. 158-159.

Gesellschaft für Konsumforschung (GfK) (2005):
Fernsehzuschauerforschung in Deutschland. Tägliche Informationen über das Fernsehpublikum in Deutschland. Online-Quelle: http://www.gfk.com/imperia/md/content/printproducts/image_and_product_brochures/fefo_image_broschuere-d.pdf, Abrufdatum: 10.06.2014.

Gleich, Uli (2001):
Populäre Unterhaltungsformate im Fernsehen und ihre Bedeutung für die Zuschauer. In: Media Perspektiven 10/2001. S. 524-532.

Goffman, Erving (1971):
Verhalten in sozialen Situationen. Strukturen und Regeln der Interaktion im öffentlichen Raum. Gütersloh.

Goffman, Erving (1986, zuerst 1967):
Interaktionsrituale. Über Verhalten in direkter Kommunikation, 5. Auflage, Frankfurt/Main.

Goffman ,Erving (1996):
Wir alle spielen Theater: die Selbstdarstellung im Alltag. München.

Goffman, Erving (1997, zuerst 1959):
Self-Presentation. From the presentation of Self in Everyday Life. In: Lermert, Charles/Branaman, Ann (Hrsg.): The Goffman Reader. Oxford. S.21-25.

Götz, Maya (2012):
Wie Kinder und Jugendliche Familien im Brennpunkt verstehen. In: TELEVIZION 25/2012. Vorveröffentlichung. S.2-8.

Götz, Maya/Holler, Andrea/Bulla, Christine/Gruber, Simone (2012):
Wie Kinder und Jugendliche Familien in Brennpunkt verstehen. Forschungsbericht zur Studie »Scripted Reality: Familien im Brennpunkt«. LfM-Dokumentation, Band 44/online. Landesanstalt für Medien Nordrhein-Westfalen, Online-Quelle: http://lfmpublikationen.lfm-nrw.de/index.php?view=product_detail&product_id=278, Abrufdatum: 21.04.2014.

Grimm, Jürgen (1999):
Talkshows – aus Sicht der Rezipienten. In: tv diskurs 7. S.66-79.

Gugutzer, Robert (2002):
Leib, Körper und Identität – eine phänomenologisch-soziologische Untersuchung zur personalen Identität. Wiesbaden.

Gugutzer, Robert (2006):
Der *body turn* in der Soziologie. Eine programmatische Einführung. In: ders. (Hrsg.): body turn. Perspektiven der Soziologie des Körpers und des Sports. Bielefeld. S.9-53.

Hertreiter, Laura (2014):
Echt nicht wahr! In: Sueddeutsche.de vom 11.02.2014. Online-Quelle: http://www.sueddeutsche.de/medien/scripted-reality-echt-nicht-wahr-1.1884858, Abrufdatum: 10.08.2014.

Hickethier, Knut (1996):
Film- und Fernsehanalyse, 2. Auflage, Stuttgart.

Hitzler, Ronald (2002):
Der Körper als Gegenstand der Gestaltung: über physische Konsequenzen der Bastelexistenz. In: Hahn, Kornelia/Meuser, Michael (Hrsg.): Körperrepräsentationen. Konstanz. S.71-85.

Holert, Tom (2000):
Bildfähigkeiten, Visuelle Kultur, Repräsentationskritik und Politik der Sichtbarkeit. In: ders. (Hrsg.): Imagineering: visuelle Kultur und Politik der Sichtbarkeit. Köln. S. 14-33.

Jäger, Siegfried (1992):
BrandSätze. Rassismus im Alltag. 2., durchgesehene Auflage. Duisburg.

Jäger, Ulle (2004):
Der Körper, der Leib und die Soziologie. Entwurf einer Theorie der Inkorporierung. Königstein/Taunus.

Jäger, Siegfried (2006):
Diskurs und Wissen. Theoretische und methodische Aspekte einer Kritischen Diskursanalyse und Dispositivanalyse. In: Keller, Reiner/ Hirseland, Andreas/ Schneider, Werner/ Viehöfer, Willy (Hrsg.): Handbuch Sozialwissenschaftlicher Diskursanalyse. Band 1: Theorien und Methoden, 2. aktualisierte und erweiterte Auflage, Wiesbaden. S.83-114.

Jäger, Siegfried (2009):
Kritische Diskursanalyse. Eine Einführung. 5., gegenüber der 2., überarbeitete und erweiterte Auflage, Münster.

Jäger, Siegfried/Zimmermann, Jens (2010):
Lexikon kritische Diskursanalyse. Eine Werkzeugkiste. Münster.

Jäger, Siegfried (2012):
Kritische Diskursanalyse. Eine Einführung. 6., vollständig überarbeitete Auflage, Münster.

Keime, Andre (2007):
Unterhaltung im deutschen Fernsehen. Programmangebote und Nutzungsstrukturen. Saarbrücken.

Kommission zur Ermittlung der Konzentration im Medienbereich (2004):
Sicherung der Meinungsvielfalt in Zeiten des Umbruchs. Bericht der Kommission zur Ermittlung der Konzentration im Medienbereich (KEK) über die Entwicklung der Konzentration und über Maßnahmen zur Sicherung der Meinungsvielfalt im privaten Rundfunk. Berlin.

Kommission zur Ermittlung der Konzentration im Medienbereich (KEK) (2010):
Auf dem Weg zu einer medienübergreifenden Vielfaltssicherung. Bericht der Kommission zur Ermittlung der Konzentration im Medienbereich (KEK) über die Entwicklung der Konzentration und über Maßnahmen zur Sicherung der Meinungsvielfalt im privaten Rundfunk. Berlin.

Krone, Jan (2005):
Alle auf Empfang? Kommerzielles Fernsehen und die Ökonomie der Aufmerksamkeit. Baden-Baden.

Krüger, Udo Michael (1992):
Programmprofile im dualen Fernsehsystem 1985-1990. In: ders. (Hrsg.): Programmprofile im dualen Fernsehsystem 1985-1990. Eine Studie der ARD/ZDF-Medienkommission. Baden-Baden. S.68-582.

Krüger, Udo Michael (2001):
Programmprofile im dualen Fernsehsystem 1991-2000. Baden-Baden.

Krützen, Michaela (2002):
»Ja, nun sind wir also zum ersten Mal da«. In: Gerhards, Claudia/Möhrmann, Renate (Hrsg.): Daily Talkshows. Untersuchungen zu einem umstrittenen TV-Format. Frankfurt/Main. S.43-62.

Labitzke, Nicole (2009):
Ordnungsfiktionen. Das Tagesprogramm von RTL, Sat.1 und ProSieben. Konstanz.

Lessenich, Stephan (2003):
Der Arme in der Aktivgesellschaft – vom sozialen Sinn des »Förderns und Forderns«. In: WSI Mitteilungen 4/2003. S.214-220.

Lessenich, Stephan (2009a):
Mobilität und Kontrolle. Zur Dialektik der Aktivgesellschaft. In: Dörre. Klaus/Lessenich, Stephan/Rosa, Hartmut (Hrsg.): Soziologie – Kapitalismus – Kritik. Eine Debatte. S.126-177. Frankfurt/Main.

Lessenich, Stephan (2009b):
Krise des Sozialen? In: Aus Politik und Zeitgeschichte APUZ 52/2009, Online-Quelle: http://www.bpb.de/apuz/31512/krise-des-sozialen?p=all, Abrufdatum: 07.06.2014.

Lessenich, Stephan (2013):
Die Neuerfindung des Sozialen. Der Sozialstaat im flexiblen Kapitalismus. 3. unveränderte Auflage. Bielefeld.

Püttjer,Christian/Schnierda, Uwe (2007):
Das große Bewerbungshandbuch. Schritt für Schritt zum eigenen Profil und zur erfolgreichen Bewerbung. Frankfurt/Main.

Maas, Stefan (2013):
Ruhrgebiet bleibt Problemregion Nummer eins. In : Deutschlandfunk. Wirtschaft und Gesellschaft. Beitrag vom 19.12.2013. Online-Quelle: http://www.deutschlandfunk.de/armutsbericht-ruhrgebiet-bleibt-problem-region-nummer-eins.769.de.html?dram:article_id=272570, Abrufdatum: 10.05.2014.

Mauss, Marcel (1989, zuerst 1975):
Gabentausch. Soziologie und Psychologie. Todesvorstellungen. Körpertechniken. Begriff der Person. Soziologie und Anthropologie Bd. 2, Frankfurt/Main.

Mayerhauser, Torsten (2006):
Diskurse Bilder? Überlegungen zur diskursiven Funktion von Bildern in polytechnologischen Dispositiven. In: Maasen, Sabine / Mayerhauser, Torsten / Renggli, Cornelia (Hrsg.): Bilder als Diskurse – Bilddiskurse. Göttingen, S.71-94.

Meiser, Hans (2002):
Talk täglich. In: Gerhards, Claudia/Möhrmann, Renate (Hrsg.): Daily Talkshows. Untersuchungen zu einem umstrittenen TV-Format. Frankfurt/Main.S.129-136.

Mikos, Lothar (2007):
Unterhaltung am Nachmittag: Vom Daily Talk zur Gerichtsshow. In: Döveling, Katrin/ Mikos, Lothar/Nieland, Jörg-Uwe (Hrsg.): Im Namen des Fernsehvolkes. Neue Formate für Orientierung und Bewertung. Konstanz. S.19-32.

Misoch, Sabina (2011):
Körper-Haben und Leib-Sein in virtuellen Räumen. In: Müller, Michael R./Soeffner Hans-Georg/Sonnenmoser, Anne (Hrsg.): Körper Haben. Die symbolische Formung der Person. Göttingen. S.107-120.

Müller, Michael R./Soeffner Hans-Georg/Sonnenmoser, Anne (2011):
Körper, Gesellschaft, Person. Zur Einleitung. In: diess. (Hrsg.): Körper Haben. Die symbolische Formung der Person. Göttingen. S.7-19.

Müller-Hilmer, Rita (2006):
Gesellschaft im Reformprozess. Friedrich-Ebert-Stiftung/ TNS Infratest Sozialforschung, Juli 2006, Online-Quelle: www.fes.de/inhalt/Dokumente/061017_Gesellschaft_ im_Reformprozess_komplett.pdf, Abrufdatum: 05.04.2014.

Nolte, Paul (2004):
Wider den totalen Pluralismus. In: Tagesspiegel 25.07.2004. Online-Quelle: http://www.tagesspiegel.de/meinung/kommentare/wider-den-totalen-pluralismus/534108.html, Abrufdatum: 28.05.2014.

Paffendorf, Fabian (2011):
Die große Rolle – im »Trash-TV«. In: Der Westen. Online-Quelle: http://
www.derwesten.de/staedte/nachrichten-aus-luedenscheid-halver-und-
schalksmuehle/die-grosse-rolle-im-trash-tv-id4410053.html, Abrufdatum
12.05.2014.

Peters, Tom (1995):
Der WOW! Effekt. 200 Ideen für herausragende Erfolge. Das Tom Peters
Seminar 2, Frankfurt am Main/New York.Plessner, Helmuth (1975, zuerst
1928): Die Stufen des Organischen und der Mensch: Einleitung in die
philosophische Anthropologie, 3. unveränd. Auflage, Berlin.

Renner, Karl Nikolaus (2012):
Fernsehen. Konstanz.

Sarasin, Phillip (2012):
Michael Foucault zur Einführung. Hamburg.

Schröder, Jens (2013):
Sat.1 beendet letzten Daily Talk »Britt«. Online-Quelle: http://mee-
dia.de/2013/03/21/sat-1-beendet-letzten-daily-talk-britt/, Abrufdatum:
15.05.2014.

Sonnenmoser, Anne (2011):
Der Mensch, ein Schauspieler? Von einer anthropologischen Metapher zum
gesellschaftlichen Postulat. In: Müller, Michael R./Soeffner Hans-Georg/
Sonnenmoser, Anne (Hrsg.): Körper Haben. Die symbolische Formung der
Person. Göttingen. S.121-134.

Spetsmann-Kunkel, Martin (2004):
Die Moral der Daytime Talkshow. Eine soziologische Analyse eines umstrittenen Fernsehformates. Münster.

Statista (2014):
Marktanteile von Reality-Formaten im TV bei Zuschauern zwischen 14
und 49 Jahren im Zeitraum Januar bis April 2010. Online-Quelle: http://
de.statista.com/statistik/daten/studie/157074/umfrage/marktanteile-von-
reality-formaten-im-tv/, Abrufdatum: 05.05.2014.

Steinmetz, Rüdiger (1999):
Initiativen und Durchsetzung des privat-kommerziellen Rundfunks. In:
Wilke, Jürgen (Hrsg.): Mediengeschichte der Bundesrepublik Deutschland.
Bonn. S. 167-191.

Stuiber, Heinz-Werner (1998):
Medien in Deutschland. Bd. 2 Rundfunk. Konstanz.

Südwestdeutscher Rundfunk (SWR) (2012):
Skalpell bitte – Die Herzoperation. Online-Quelle: http://www.swr.de/
odysso/skalpell-bitte-die-herzoperation/-/id=1046894/did=10532762/
nid=1046894/wa1wtn/index. html, Abrufdatum:15.06.2014.

Tingler, Philipp (2011):
Mode-Tätowierungen: Ein Herz für Mutti – und sonst nix. In: Spiegel-
Online. Online-Quelle: http://www.spiegel.de/kultur/gesellschaft/mode-
taetowierungen-ein-herz-fuer-mutti-und-sonst-nix-a-777066.html, Abrufdatum: 04.08.2014.

Ullrich, Peter (2008):
Diskursanalyse, Diskursforschung, Diskurstheorie. Ein- und Überblick. In:
Ulrike Freikamp, Ulrike/Leanza, Matthias/Mende, Janne/Müller, Stefan/
Ullrich, Peter/Voß, Heinz-Jürgen (Hrsg.): Kritik mit Methode? Forschungs-
methoden und Gesellschaftskritik. Berlin. S. 19-31.

von Gottberg, Joachim (2012):
Authentisch, aber nicht dokumentarisch. Scripted Reality gibt nicht vor, die
Realität abzubilden. In: tv diskurs 61, 16. Jahrgang, Ausgabe 3, S.32-36.

Villa, Paula-Irene (2007):
Der Körper als kulturelle Inszenierung und Statussymbol. In: Aus Politik und
Zeitgeschichte: Körperkult und Schönheitswahn. APUZ 18/2007. Online-
Quelle: www.bpb.de/apuz/30508/der-koerper-als-kulturelle-inszenierung-
und-statussymbol?p=all, Abrufdatum: 02.06.2014.

Wüllenweber, Walter (2004):
Das wahre Elend. In: Stern 52/2004, Online-Quelle: http://www.stern.de/
politik/ deutschland2-unterschicht-das-wahre-elend-533666.html, Abrufdatum: 05.05.2014.

9. Anhang

Anhang A1: Sequenzprotokoll F1 (Rotkowski)

F1.1 VORSPANN/ MONTAGE AUS DIVERSEN SZENEN (00:00-01:20)
Personen: Lutz, Jutta, Spencer, Waltraud

Inhalt / Handlungsstrang	Interview	Off-Kommentare
Off-Kommentar [1] Ton *Bilder zu [1]* – Blick auf Wohnsiedlung – Spencer betritt die Wohnung – Jutta lackiert sich gerade ihre Fingernägel – Spencer kommt ins Wohnzimmer und lässt sich zu seiner Mutter Jutta aufs Sofa fallen – Jutta, Waltraud und Spencer unterhalten sich – in Spencers Zimmer: Spencer steht vorm Spiegel und hebt Hanteln → *Statements (1) und (2)* *[2] Ton* *Bilder zu [2]* – Lutz zählt sein Geld in 50€-Scheinen ab – Lutz gibt Spencer das Geld und gibt ihm einen Vertrag, den Spencer unterschreiben soll – es steht geschrieben, dass sich Spencer verpflichtet regelmäßig die Schule zu besuchen – Spencer unterschreibt → *Statement (3)* *[3] Ton* *Bilder zu [3]* – Spencer baut seinen neu erworbenen Hometrainer im Wohnzimmer auf – Spencer stemmt Gewichte in die Luft → *Statement (4)*	(1) Spencer – findet, dass Schule was für »Heinis« ist – erzählt von seinem Traum als Türsteher (2) Jutta – findet, dass ihr Sohn viel Talent habe und daher keine Schule brauche (3) Lutz – Spencer habe ihm unterschrieben, dass er zur Schule gehe und 1000€ erhalten habe – danach könne er ihm keine tausend Euro mehr geben, weil er selbst kaum Geld habe (4) Spencer – Lutz wolle, dass er an seine Zukunft denke und genau das mache er mit dem Training – die 1000€ habe er statt für den Schulabschluss in einen Hometrainer investiert, um für den Job als Türsteher fit zu werden	*[1]* *In diesem Mehrfamilienhaus in Köln ist der neunzehnjährige Spencer Rotkowski für seine Mutter und seine Oma der Allergrößte. Dabei ist der Jugendliche arbeitslos und ohne Abschluss. Denn die Hauptschule hat er vor Jahren einfach abgebrochen.* *[2]* *Doch Spencers Vater Lutz, der die Familie vor zwei Monaten verlassen hat, leidet unter der Situation. Er besticht seinen Sohn sogar mit tausend Euro, damit dieser den Abschluss nachholt.* *[3]* *Doch anstatt wie vereinbart die Schulbank zu drücken, bleibt Spencer zu Hause und feilt an einer dubiosen Karriere als Türsteher.*

F1.2 LOGO/JINGLE/MONTAGE (01:20-01:29)
P: diverse

F1.3 TÜRKLINGEL (01:29-01:42)
P: Lutz, Jutta

– Lutz klingelt		*Vor einer Woche hat Lutz Rotkowski seinem Sohn tausend Euro gegeben, damit der wieder zur Schule geht. Heute will der Getrenntlebende den Jungen kontrollieren und besucht ihn überraschend am frühen Morgen.*

F1.4 IM WOHNUNGSFLUR (01:42-01:58)
P: Lutz, Jutta, Spencer

– Vater Lutz betritt die Wohnung und will Spencer zur Schule abholen – Jutta antwortet, dass er die ganze Nacht unterwegs gewesen sei, um sich um Aufträge zu kümmern – Spencer betritt die Wohnung, umarmt Mutter zur Begrüßung – Spencer betritt mit der Mutter die Küche, in der sein Vater und seine Großmutter sind		

F1.5 KÜCHE (01:58-03:05)
P: Lutz, Jutta, Spencer, Waltraud

– Unterhaltung zwischen Spencer und seinen Eltern (Spencer beklagt sich über	(5) Spencer: – beklagt sich über nervige Lehrerin und Schulalltag,	

seine Müdigkeit, weil er nachts unterwegs auf Jobsuche war, Mutter nimmt ihn in Schutz, Vater schweigt) → Statement (5) – Streitgespräch zwischen Vater Lutz, Mutter und Großmutter (Mutter und Großmutter verteidigen Spencers Pläne, Türsteher zu werden; der Vater spricht sich dagegen aus und greift seine Schwiegermutter Waltraud an) → Statement (6) – Spencer offenbart Vater Lutz, dass er von der Schulabschlussprämie (1000€) stattdessen eine Fitnessbank gekauft habe – Vater kann es nicht glauben – Spencer will seinem Vater als Beweis das Fitnessgerät zeigen – verlässt die Küche durch den Flur, die anderen folgen → Statement (7)	will lieber ohne Schulabschluss seinem Traumberuf (»Türsteher«) gehen – erzählt, dass er das Geld seines Vaters bereits gut investiert habe (6) Lutz – verärgert, seine Schwiegermut-ter Waltraud sei die »Schlimmste«; sie könne nur lügen und betrügen – Waltraud wolle nur Geld »abstauben« und das habe Spencer von ihr übernommen (7) Jutta – verteidigt das Verhalten ihres Sohnes – Spencer habe sich sehr angestrengt, in den letzten Wochen, um sein Ziel (Türsteher werden) zu erreichen – mit Vater Lutz hingegen sei nichts anzufangen	
F1.6 WOHNZIMMER (03:05-04:20) P: s..o.		
– Spencer zeigt seinem Vater das Fitnessgerät, welches ihm helfen soll, die nötigen Muskeln für enden Türsteher-Job auszubilden – Vater Lutz ist verärgert – Streit zwischen Mutter Jutta, Großmutter Waltraud, Spencer (Verteidigung von Spencers Position) und dem Vater (gegen die Pläne seines Sohnes) → Statement (8) – Verlagerung des Streits zwischen Jutta und Lutz, die sich gegenseitig beschimpfen – Jutta brüstet sich mit ihrer neuen Tätigkeit als Fußpflegerin und erhebt sich über ihren Mann der kein Geld habe → Statement (9)	(8) Waltraud – will, dass ihr Ex-Schwiegersohn Lutz ihren Enkel in Ruhe lässt – Spencer sei ein richtig guter Junge (9) Spencer – beleidigt seinen Vater Lutz als »armselig«, da er ihn unter Druck setzte, seine Schule abzuschließen und eine Ausbildung zu beginnen – Spencer selbst finde das nicht erstrebenswert	
F1.7 STRAßENSZENE (NÄCHSTER TAG) (04:20-04:26) P: Spencer, Freundin von Pamela		
– Spencer R. trifft sich mit seiner Freundin Pamela vor einem Kiosk		*Auch Spencers Freundin Pamela, mit der er sich am nächsten Tag vor deren Lieblingskiosk trifft,...*
F1.8 IM KIOSK (04:26-06:08) P: Spencer, Pamela und deren Freundin von Peggy		
– Pamela begrüßt ihre Freundin Peggy mit einem Kuss (off-Kommentar: Pamela macht ihrem Freund Vorwürfe) – Streitgespräch Spencer – Pamela (Peggy) – Pamela wirft Spencer vor, dass aus ihm beruflich nie etwas werde; Spencer verteidigt seinen Traumberuf – Pamelas Freundin Peggy mischt sich ins Gespräch ein und verteidigt Spencers Berufswahl	(10) Peggy – erklärt, dass sie Spencer »süß« finde und dass sie Pamelas Einwände nicht verstehe – außerdem bringe es große Vorteile, wenn Spencer Türsteher sei, weil sie dann vor allen anderen in die Disko kämen (11) Pamela – beklagt sich über Spencers Verhälten – jeder wisse, dass aus	*...ist mit den Plänen des Neunzehnjährigen unzufrieden und macht ihm Vorwürfe.*

117

→ Statement (10) – Streitgespräch Spencer-Pamela- Peggy – Pamela wirft Spencer vor, durch den Job nur andere Frauen kennenlernen zu wollen, um fremd zu gehen – Pamela beendet sie Beziehung – Pamela verlässt Kiosk → Statement (11) – Peggy bietet an, noch einmal mit Pamela zu reden – Spencer lehnt das Angebot ab, weil er ohnehin noch andere interessante Frauen »am Start habe« und weil sie Pamela gegen seine Karriere stelle – Spencer verlässt Kiosk → Statement (12)	einem ohne Schulabschluss »nichts« werde (12) Spencer – er beschwert sich über das illoyale Verhalten seiner (Ex-)Freundin Pamela – vergleicht sie mit ihrem Vater, der auch Unsinn rede, im Sinne vom »Steuer-Bezahlen und so BlaBlaBla«	

F1.9 WOHNBLOCK (TOTALE) (06:08-06:11)
P: /

/	/	*Doch insgeheim leidet der Schulabbrecher unter der …*

F1.10 WOHNZIMMER (AM NÄCHSTEN MORGEN) (06:11-07:55)
P: Spencer, Jutta, Waltraud, Freundin von Jutta

– Rest Off-Kommentar – Spencer erzählt, dass seine Freundin Pamela die Beziehung beendet habe – Großmutter hat kein Verständnis für seine schlechte Laune, Mutter Jutta nimmt ihn tröstend in den Arm → Statement (13) – Mutter tröstet Sohn Spencer – Mutter Jutta fordert ihren Sohn auf, sich auszuziehen, um ihrer Freundin stolz den muskulösen Körper ihres Sohnes zu zeigen – die Freundin der Mutter Jutta ist begeistert und macht Spencer einen Vorschlag: ihr Ex-Freund habe eine Security-Unternehmen und könne ihm evtl. einen Job besorgen – Spencer bekundet Interesse → Statement (14)	(13) Waltraud – erzählt, dass sie ihr Enkel als attraktiver junger Mann keine Probleme habe, eine bessere Freundin zu finden (z.B. eine Sängerin mit »richtig viel Verstand«) – schätzt Spencers Ex-Freundin Pamela als dumm ein (14) Spencer – freut sich über Unterstützung durch seine Mutter und Großmutter – findet, dass seine Ex-Freundin Pamela sich ein Beispiel an seiner Familie nehmen solle	*…Trennung und sucht am nächsten Morgen Trost bei seiner Oma und seiner Mutter, die heute ihre beste Freundin zur Nagelpflege empfängt.*

F1.11 WOHNBLOCKSIEDLUNG, DANN FITNESSSTUDIO (TOTALE) (07:55-07:58)
P: /

/	/	*Wie fast jeden Tag geht der arbeitslose Kölner eine Stunde …*

F1.12 IM FITNESSSTUDIO (07:58-10:49)
P: Spencer, Stefano, Pamela, Peggy

– Spencer erzählt seinem Freund Stefano, dass seine (Ex-)Freundin Pamela die Beziehung beendet hat – Stefano tröstet seinen Freund, und meint dass er bald alle Frauen haben könne, sobald er mit seinem muskulösen Körper »Respekt« ausstrahle – um diesen »Respekt« auszustrahlen, müsse er als Mitarbeiter eines Security-Unternehmens mit Blicken und mimischen Ausdrücken spielen und er brauche	(15) Stefano – Stefano erzählt, dass Spencer und er sich schon seit der Grundschulzeit kennen und immer schon bei den Frauen begehrt waren (16) Spencer – möchte allen zeigen, wie erfolgreich er sein wird – leidet unter dem Druck, dass niemand ihm zutraut, »Karriere zu machen« (17) Pamela	*…später ins Fitnessstudio. Dort trainiert er mit seinem besten Freund Stefano und schüttet dem Deutschitaliener danach sein Herz aus.*

zusätzlich eine entsprechende Ausrüstung (Head Set usw.)	– Pamela wiederholt, dass sie Spencer für einen Lügner und »Loser« hält	
– Spencer findet die Idee gut und will seinen Vater um Geld für ein Headset bitten	(18) Peggy	
– die beiden üben Posen für den Job als Security Guard	– sieht in Spencer einen »Beschützertyp«	
→ Statement (15)	– fühlt sich von Spencers Einladung geschmeichelt	
– Pamela und Peggy treten ein		
– Pamela begrüßt ihren Ex-Freund abschätzig und teilt ihm mit, dass sie seit gestern Abend »einen richtigen Mann« *habe*		
– Stefano und Spencer reagieren empört und verteidigen Spencer als »richtigen Mann«		
– Pamela brüstet sich mit ihrem neuen Freund, der Maurer sei und ihr ein Haus baue		
– Spencer wehrt ab, dass Mauer lediglich ein »Standardjob« sei, den jeder ausführen könne, während man für den Dienst als Security Guard »etwas Besonderes« sein müsse		
– Peggy stimmt Spencer zu		
→ Statement (16)		
– Spencer lädt Peggy ein, mit ihm abends in eine Disko zu gehen, wo er auf der Gästeliste stehe		
– Peggy sagt ihr zu		
– Pamela hält es für eine Lüge, dass Spencer auf der Gästeliste steht und beschimpft ihn		
→ Statement (17)		
– Peggy glaubt Spencer und bewundert ihn für seine Ausdauer beim Trainieren		
– Peggy und Pamela verlassen das Fitnessstudio		
→ Statement (18)		

F1.13 WOHNKOMPLEX (TOTALE, ZWEI TAGE SPÄTER) (10:49-10:51)
P: /

/	/	*Zwei Tage später ...*

F1.14 WOHNZIMMER LUTZ (10:51-11:52)
P: Lutz, Spencer

– Spencer bittet seinen Vater Lutz um Hilfe beim passenden Outfit für sein Vorstellungsgespräch	(19) Spencer	*...besucht Spencer seinen Vater und bittet ihn um Hilfe. Denn dank der besten Freundin seiner Mutter hat der Teenager tatsächlich einen Vorstellungstermin in einer Securityfirma bekommen.*
– Lutz lehnt Spencers Vorstellung vom »James Bond«-Outfit ab und plädiert für »Natürlichkeit« beim Vorstellungsgespräch	– findet es gut, dass sein Vater mitkommt, weil er glaubt, dass das einen guten Eindruck mache	
– Lutz erklärt sich bereit, Spencer zum Vorstellungsgespräch zu begleiten	– er will nur posieren, während sein Vater soll im Gespräch reden soll	
→ Statement (19)		

F1.15 SHOPPING-ZENTRUM (TOTALE) (11:52-11:55)
P: /

/	/	*Kurz darauf erscheinen Vater und Sohn beim...*

F1.16 BÜRO (11:55-14:31)
P: Spencer, Lutz, Firmenchef Rolf Mann

– Spencer bietet, seine Posen zu demonstrieren – Spencer spielt Szene vor einer Diskothek vor (beleidigt den Gast) – Firmenchef bemängelt den fehlenden Berufsabschluss – Spencer unterbricht den Chef, um seine »gute Aura« in einer Pose zu zeigen → Statement (20) – Spencer fragt nach Stundenlohn (Mann: 8€/Std) – Spencer beklagt sich über die geringen Verdienst – Firmenchef Mann erzählt von den außergewöhnlichen Arbeitsbelastungen des Security Personals, z.B. 24h-Schicht – Spencer ist empört über die Bedingungen – Verabschiedung, Vater entschuldigt sich für das Verhalten seines Sohnes – Spencer, Lutz verlassen den Raum	(20) Rolf Mann – berichtet, dass es immer wieder Leute wie Spencer gebe, die sich profilieren wollten – er suche jedoch Leute, die nicht im Vordergrund sondern im Hintergrund stehen	...Vorstellungsgespräch. Den Firmenchef stört Spencers fehlende Berufserfahrung als Türsteher, doch der 19-Jährige betont, dass er zu Hause bereits geübt habe.

F1,17 IM BÜROFLUR (14:31-14:49)
P: Lutz, Spencer

– Lutz und Spencer verlassen das Bürogebäude – Lutz sagt, dass er sich von seinem Sohn blamiert fühlt – Spencer ist hingegen überzeugt von sich und dass er einen guten Eindruck gemacht habe → Statement (21)	(21) Spencer – hat gutes Gefühl und denkt, dass er auf jeden Fall den Job bekommt – macht sich über den Firmenchef Mann lustig	–

F1,18 WOHNBLOCK (DREI TAGE SPÄTER, TOTALE) (15:00-15:02)
P: /

/	/	Drei Tage lang muss der Möchte-Gern-...

F1,19 WOHNZIMMER (15:02-18:12)
P: Spencer, Stefano, Jutta, Waltraud

– Spencer erhält eine Absage für den Job und wird wütend – Mutter Jutta kommt dazu und ist erstaunt über die Absage – Stefano belehrt Spencer, dass er vorher nicht genug trainiert habe und keine gute Ausrüstung hatte – Spencer stimmt Stefano zu und schiebt die Schuld auf seinen Vater – Mutter und Großmutter Waltraud sind wütend auf Vater Lutz, der ihren Sohn /Enkel »versaue« und keine Ahnung habe, weil er doch selbst nur »Bauarbeiter« sei – Stefano macht Spencer einen Vorschlag: Stefano erzählt Spencer von »Vitaminpillen«, die er im Fitnessstudio verkauft und durch die er »zum Schrank« werde – Mutter Jutta findet die Idee hervorragend und ermuntert ihn die »Vitaminpillen« zu nehmen → Statement (22) – Waltraud schlägt vor, dass die beiden sich als Security-Unternehmer selbstständig	(22) Stefano – ist der Meinung, dass es beim nächsten Mal mit der richtigen Ausbildung und dem passenden Körper dazu auf jeden Fall klappt (23) Spencer – Spencer ist begeistert von der Unterstützung durch seine Mutter und Großmutter und findet, dass die beiden Recht haben	...Türsteher auf den schriftlichen Bescheid der Securityfirma warten, dann ist der Brief endlich da und Spencer traut seinen Augen nicht.

| | | machen
– Stefano und Spencer sind direkt begeistert
– Waltraud bringt Spencer einen alten Anzug von ihrem Mann als Ausrüstung für den Security Job
– Waltraud möchte mit ihrem Enkel losgehen, um die restliche Ausrüstung einzukaufen
→ Statement (23) | | |

F1,20 EINKAUFSZENTRUM (TOTALE) (18:12-18:15)
P: /

/	/	*Am Nachmittag sind Oma und Enkel...*

F1,21 IM EINKAUFSZENTRUM (18:15-20:08)
P: Spencer, Waltraud, Wachmann Mann

– Spencer und Waltraud geraten ins Visier des Wachmanns (der zuvor als Firmenchef das Vorstellungsgespräch führte) – Wachmann Mann beschuldigt Enkel und Großmutter gestohlen zu haben und bittet sie, ihm in das Büro zu folgen – Waltraud und Spencer streiten die Vorwürfe ab → Statement (24) – Streitgespräch zwischen Wachmann und Spencer/Waltraud – Gerangel; Wachmann nimmt Waltrauds Handtasche und entdeckt darin Diebesgut (Headsets) – Waltraud streitet den Diebstahl ab – Wachmann fordert die beiden auf, ihm ins Büro zu folgen → Statement (25) – Wachmann droht die Polizei zu rufen, wenn die Beiden nicht mitkommen – Die Drei machen sich auf den Weg zum Büro → Statement (26)	(24) Spencer – Spencer ist genervt vom Wachmann Mann – und findet das Verhalten des Wachmanns gegenüber seiner Großmutter (»einer alten Dame«) nicht angemessen (25) Waltraud – Waltraud plädiert für ihre Unschuld und meint, dass ihr das Headset in den engen Kaufhausgängen in die Tasche gefallen sei (26) Wachmann Mann – erzählt, dass Waltraud eine Anzeige wegen Ladendiebstahl bekomme und fühlt sich im Recht	*... im Einkaufszentrum, wo sie ausgerechnet ins Visier des Wachmanns geraten, der zuvor Spencers Bewerbung abgelehnt hat.*

F1,22 WOHNBLOCK (TOTALE, AM SELBEN TAG) (20:08-20:11)
P: /

/	/	*Zurück zuhause gibt es den nächsten Ärger. Spencers Mutter hat Streit....*

F1,23 HAUSFLUR (20:11-21:38)
P: Jutta, Nachbarin Angela, Spencer, Waltraud

– Nachbarin schreit gerade Mutter Jutta an, als Spencer und Waltraud eintreten und beschuldigt sie, ihr Paket geklaut zu haben – als die Nachbarin Waltraud anblickt, entdeckt sie den Schal, der in dem verschwundenen Paket war – Waltraud schreitet den Diebstahl ab → Statement (27) – Waltraud sagt, die Nachbarin könne ihr nichts beweisen und will sie anzeigen → Statement (28)	(27) Nachbarin Angela – empört sich darüber, dass ihre Nachbarin Waltraud ihren Schal geklaut hat (28) Waltraud – gibt zu, den Schal aus Rache geklaut zu haben, weil diese »hinter ihrem Mann her war« – zudem habe die Nachbarin im Gegensatz zu ihr eine hohe Rente und könne sich leisten, wenn einer ihrer vielen Schals verloren ginge	*... mit einer Nachbarin, die ein Postpaket vermisst und Familie Rotkowski die Schuld dafür gibt*

F1,24 AUFNAHMEN EINEM STRAßENZUG MIT DISKOTHEK (NACHTS) (21:38-21:45)
P: /

/	/	*Am folgenden Wochenende*

		freut sich Spencer auf die Verabredung mit Peggy, auf die der frühere Hauptschüler ein Auge...

F1,25 VOR DEM EINGANG DER DISKOTHEK (21:45-22:45)
P: Spencer, Stefano, Peggy, Türsteher Starck

– Tür wird kurz geöffnet und ein Mann (Zander Starck) teilt Spencer mit ‚dass an dem Tag kein Einlass sei (»geschlossene Gesellschaft«) – Stefano fordert ihn auf, nochmal zu fragen, weil Spencer auf der Gästeliste stehe – Starck findet Spencer nicht auf der Gästeliste und verwehrt erneut den Eintritt → Statement (29) – Spencer klingelt erneut und streitet sich mit dem Türsteher – Starck bezeichnet ihn als »Hampelmann in einem komischen Anzug« und kommt heraus	(29) Zander Starck (Türsteher) – meint, es sei seine Aufgabe »solche Leute« nicht in die Disko zu lassen – dabei achte er auf Aufstehen, Sprache und dass die Leute aus dem richtigen Milieu kommen	... geworfen hat. Gemeinsam mit Kumpel Stefano soll es heute zu dritt in die Disko gehen.

F1,26 AUF DER STRAßE (22:45-24:15)
P: s.o.

– Türsteher geht auf Spencer los und will, dass die Kamera (des Filmteams) ausgeschaltet wird → Statement (30) – Spencer liegt auf dem Boden und beschwert sich bei seinem Freund Stefano, dass dieser ihm nicht geholfen hat – Stefano meint, er wollte gerade anfangen, gegen den Türsteher vorzugehen – Peggy ist verärgert, weil sie nicht in die Disko kommt → Statement (31) – Stefano meint, der Türsteher hätte Angst vor Spencer gehabt – Stefano erzählt Peggy, dass er sich mit Spencer selbstständig machen will – Peggy freut sich und will darauf zuhause anstoßen und feiern – Spencer hat keine Lust mehr darauf und will nach Hause → Statement (32)	(30) Zander Starck – meint, Spencer war zu frech und deswegen hat er ihn »auf den Boden gesetzt« (31) Stefano – Stefano meint, er habe seinem Freund nicht geholfen, weil er sich nicht auf das Niveau herablassen würde (32) Spencer – frustriert über die Geschehnisse (Kein Eintritt in die Disko, Jobabsage, schlechten Eindruck gegenüber Peggy) – in Wirklichkeit sei er aber »voll der Macher« und müsse »chillen«	

F1, 27 WOHNBLOCK (AM NÄCHSTEN TAG) (24:16-24:18)
P: /

		Der 19-Jährige...

F1,28 SPENCERS ZIMMER (24:18-25:35)
P: Spencer, Stefano, Waltraud, Jutta, Lutz

– Stefano kommt zur Tür herein – Waltraud hat Stefano und Spencer einen ersten Arbeitseinsatz als Security Service bei einer Tanzveranstaltung im Altenheim um die Ecke besorgt – alle außer Lutz sind begeistert – Spencer und Stefano überlegen sich Werbemaßnahmen (Flyer	(33) Jutta – bezeichnet ihren Ex-Partner als »Jammerlappen«, weil er Angst habe, vor allem Neuen – unterstellt Lutz, dass er neidisch auf Spencer sei und deswegen so reagiert habe	...lässt seinen Frust am nächsten Tag zunächst an seinem Vater aus als der zu Besuch vorbeikommt. Doch schon bald herrscht wieder gute Laune – dank einer Idee von Oma Waltraud.

122

erstellen und in der Videothek und im Boxclub auslegen) – Lutz ist empört (»Noch alles fit da oben?!«) – Stimmengewirr, Jutta schiebt ihn aus dem Zimmer und schmeißt ihn raus – Stefano, Spencer und Waltraud verstehen Lutz' Verhalten nicht → Statement (33)		

F1.29 STRAßENZUG MIT VIDEOTHEK (25:35-25:37)
P: /

		In der folgenden Woche geht…

F1.30 IM KIOSK /VIDEOTHEK (25:37-26:34)
P: Spencer, Peggy, Stefano, Pamela

– schauen sich gemeinsam die Flyer an – Pamela findet die Flyer schlecht und blamabel – alle anderen finden die Flyer gelungen – Pamela beleidigt ihre Freundin Peggy (»Man merkt, dass du blond bist«) → Statement (34) – Pamela macht sich über den Flyer lustig und findet ihn lächerlich → Statement (35)	(34) Pamela – meint, es sei offensichtlich, dass die Fotos am Computer bearbeitet wurden – sagt, dass es ihr peinlich sei mit »so einem« eine Beziehung geführt zu haben – bezweifelt, dass sie mit dem Flyer Kundschaft anwerben können (35) Spencer – findet Pamelas Reaktion verständlich, weil er meint sie sei eifersüchtig auf Peggy	…es für Spencer wieder bergauf. Die Kioskverkäuferin Peggy ist nun seine feste Freundin und zusammen mit Stefano hat er beim Fotografen Flugblätter anfertigen lassen.

F1.31 WOHNBLOCK, SCHWENK AUF FITNESSSTUDIO (26:34-26:37)
P: /

/	/	Die selbsternannten Türsteher wollen die Flugblätter…

F1.32 TRAININGSRAUM IM FITNESSSTUDIO (26:37-27:49)
P: Spencer, Stefano, Zander Starck

– Spencer und Stefano begegnen im Boxverein dem Türsteher Starck – Spencer macht ein Versöhnungsangebot, da sie alle Türsteher seien und zusammenhalten müssten – Starck nimmt die beiden nicht ernst und wendet sich zum Trainieren ab – Stefano und Spencer versuchen erneut, den Türsteher auf ihrer Seite zu ziehen und zeigen ihm den Flyer → Statement (36) – Starck bleibt bei seiner Meinung – daraufhin wird er von Spencer als »King Kong« beleidigt – Starck wird wütend und fasst Spencer fest an der Schulter, um ihn rauszuwerfen – Stefano und Spencer verlassen den Raum → Statement (37)	(36) Starck – meint, Stefano und Spencer würde niemand als Security Unternehmer ernst nehmen – er würde sie nicht einstellen und bemängelt ihre »Arsch-Kriecherei« (37) Spencer – fühlt sich im Recht – er habe doch lediglich seine Flyer verteilen wollen und jetzt ärgert er sich über Starck – Starck müsse sich nicht wundern, wenn er irgendwann keine Freunde mehr »in der Branche« habe	… auch im örtlichen Boxverein auslegen. Zu ihrer Überraschung treffen sie dort auf ein bekanntes Gesicht.

F1.33 WOHNBLOCK (TOTALE) (27:49-27:53)
P: /

		Der Schulabbrecher Spencer Rotkowski hat mit seinem besten Freund…

F1,34 ALTENHEIM (27:53-30:19)
P: Spencer, Stefano, Heimbewohner Ehrenstein, Waltraud

– Stefano und Spencer, im Anzug gekleidet, stehen einige Meter voneinander entfernt und testen ihre Head-Sets aus → Statement (38) *off [2]* – ein älterer Herr geht zur Garderobe und nimmt einen Mantel und eine Frauenhandtasche – daraufhin stürmt Spencer auf ihn zu und bringt ihn zu Fall – Spencer fordert Stefano auf, sofort die Polizei zu rufen – Waltraud kommt angelaufen und befreit Ehrenstein aus Spencers Griff – Ehrenstein setzt sich hin und Waltraud gibt Spencer zu verstehen, dass er ihn in Ruhe lassen soll → Statement (39) – Waltraud beruhigt Ehrenstein, während Spencer weiterhin darauf besteht, dass Ehrenstein eine Frauenhandtasche klauen wollte – Ehrenstein droht damit, Spencer anzuzeigen – Waltraud entschuldigt sich für ihren Enkel und versucht Ehrenstein besänftigen → Statement (40) – Waltraud versucht erneut, Ehrenstein zu besänftigen – Ehrenstein bleibt dabei, dass er Spencer anzeigen will – Ehrenstein verlässt wütend den Raum → Statement (41) – Waltraud lobt die beiden Jungen ausgiebig und verlässt den Raum → Statement (42)	(38) Spencer – findet es super, dass seine Großmutter ihnen den Job besorgt hat – zwar sei der Job nicht der allerbeste, aber es gebe immerhin Geld dafür und sie bewachten Wertgegenstände (39) Stefano – rechtfertigt sich damit, dass er durch seine Sonnenbrille nicht alles gesehen habe – lobt Spencers Einsatz für das professionelle Aussehen und findet sein Verhalten gerechtfertigt (40) Ehrenstein – fühlt sich von Spencer und Stefano bedroht und nicht beschützt, wie er die Aufgabe von Security Diensten begreift – erschrocken über den Angriff (41) Waltraud – lobt Spencer und Stefano für ihre gute Arbeit und ihr Engagement (42) Spencer – Spencer meint für einen Wachmann ist es wichtig schnell zu reagieren – Er habe vielleicht zu stark reagiert, aber vom Prinzip war die Reaktion richtig	*...Stefano einen Security Service gegründet .Heute haben die Beiden ihren ersten Einsatz beim Tanztee im Altersheim, wo sie die Garderobe bewachen sollen.* *[2] Der Neunzehnjährige Kölner nimmt seine Aufgabe sehr ernst und reagiert übereifrig als ihm ein älterer Herr an der Garderobe auffällt.*

F1,35 STRAßENZUG MIT KIOSK/VIDEOTHEK (30:19-30:22)
P: Spencer

Spencer betritt Videothek		*Nach dem Auftritt im Altersheim bleiben...*

F1,36 IM KIOSK / VIDEOTHEK (30:22-31:30)
P: Spencer, Peggy

– Spencer nähert sich Peggy und will ihre Hand nehmen – diese zieht jedoch die Hand weg und ist verärgert über Spencers Anzeige – Peggy erzählt Spencer, dass »die Leute« über ihn lachen, weil er »im Altersheim Leute verprügele« – Spencer verteidigt sich damit, dass das eben sein Job sei → Statement (43) – Spencer greift Peggy verbal an, indem er sagt, er habe genauso viel erreicht, denn sie habe auch nichts erreicht – Spencer äußert sich abschätzig über den Job als Videotheksangestellte – Peggy beendet die Beziehung	(43) Peggy – äußert sich enttäuscht über Spencer – Spencer rede nur, lüge und bringe es zu nichts (44) Spencer – erzählt, dass er ohnehin schon wegen der Anzeige und den ausbleibenden Aufträgen genervt sei – und dann beendet auch noch Peggy die Beziehung – Peggy sei so wie Pamela	*...weitere Aufträge aus. Außerdem erhält der Teenager aufgrund seines Angriffs an der Garderobe eine Anzeige, was auch bei seiner Freundin für schlechte Stimmung sorgt.*

– Spencer verlässt verärgert das Geschäft → Statement (44)		

F1,37 WOHNBLOCK (AM NACHMITTAG) (31:30-31:34)
P: /

		Am Nachmittag ist Spencer wieder zu Hause...

F1,38 SPENCERS ZIMMER (31:34-31:41)
P: Stefano, Spencer

– Stefano betritt Spencer Zimmer – Stefano weist der Kamera den Weg nach draußen (off: unter vier Augen)		...und trifft sich mit seinem Freund Stefano. Der will den früheren Hauptschüler um einen Gefallen bitten. Allerdings unter vier...

F1,39 SPENCERS ZIMMERTÜR VON AUßEN (31:41-32:32)
P: /

– nun ist nur noch der Türschlitz des Zimmers von außen zu sehen und der Zuschauer hört das Privatgespräch »heimlich« mit – Die Kamera filmt durch den Türspalt in das Zimmer – Stefano bittet Spencer die »Vitaminpillen« bei sich zu lagern, weil er sonst Ärger mit seiner Mutter kriegen würde – Stefano gibt Spencer eine handvoll »Vitaminpillen« und fordert ihn auf alle direkt einzunehmen, damit er schnell muskulös wird Off [2]		...Augen [2] Nachdem der ständig frustrierte Jugendliche die mysteriösen Tabletten ohne Zögern eingenommen hat,

F1,40 SPENCERS ZIMMER (32:32-32:59)
P: Spencer, Stefano

– Stefano erzählt Spencer, dass er ihnen in ihrer Stammdiskothek einen Job organisiert habe – sie müssten am selben Abend zum Probearbeiten dort erscheinen – Spencer freut sich und packt seine Sachen zusammen, während sich Stefano im Spiegel zurecht macht → Statement (45)	(45) Spencer – freut sich über ein Erfolgserlebnis nach vielen Misserfolgen – freut sich auf das Probearbeiten	...beendet er die Heimlichtuerei und lässt unser Team wieder ins Zimmer.

F1,41 KRANKENHAUS (NACHTS) (32:59-33:03)
P: /

		Das Probearbeiten verläuft anders als gehofft. Spencer bricht zusammen...

F1,42 KRANKENHAUSZIMMER (33:03-34:38)
P: Spencer, Stefano, Waltraud, Jutta, Lutz

– Vater fragt Spencer empört, ob dieser Anabolika nehme – Jutta will wissen, was Anabolika sind off [2] – Spencer verneint die Anschuldigung und will eine Bestätigung seiner Unschuld von Stefano hören – Stefano gibt indirekt zu, Spencer die Pillen gegeben zu haben, verteidigt sich aber, dass er nichts von den gesundheitlichen Gefahren gewusst habe → Statement (46) – Spencer und Jutta beschimpfen Stefano, weil er etwas illegales getan hat und	(46) Spencer – war sich nicht bewusst, dass die »Vitaminpillen« Anabolika waren – bedauert, dass er vier Tabletten auf einmal genommen hat – ist verärgert über Stefano, weil er ihm nicht gesagt hat, was die »Vitaminpillen« wirklich waren – stellt die Freundschaft zu Stefano in Frage (47) Stefano – bedauert sein Verhalten – Spencer sei sein bester Freund und das habe er	... und wird ins Krankenhaus eingeliefert und dort erhält sein Vater von den Ärzten einen erschütternden Befund. [2] Durch die Aufputschmittel ist der Kreislauf zusammengebrochen und auch das Herz angegriffen. Eine Diagnose, die der angeschlagene Türsteher nicht nachvoll-ziehen kann.

Spencer in Gefahr gebracht hat – Stefano verteidigt sich, dass die Anabolika nur für einen besseren Muskelaufbau seien → Statement (47) (parallel: Stefano verlässt das Zimmer) – Jutta empört sich, dass Stefano einfach geht → Statement (48)	nicht beabsichtigt (48) Waltraud – meint, Stefano habe ihren Sohn hinters Licht geführt – Spencer könne nichts dafür – die eigentliche Schuld treffe Lutz, den Spencer habe von ihm die Leichtgläubigkeit	

F1,43 WOHNBLOCK (34:38-34:41)
P: /

/	/	Eine Woche später stehen zwei Polizeibeamte…

F1,44 EINGANGSBEREICH DER WOHNUNG (34:41-34:51)
P: Polizistin, Polizist, Jutta

– Polizistin und Polizist klingeln und schreiten ein – betreten Spencers Zimmer		…mit Durchsuchungsbefehl vor der Tür. Die Beiden wollen mit Spencer sprechen, der erst am Vortag aus dem Krankenhaus entlassen wurde.

F1,45 SPENCERS ZIMMER (34:51-36:57)
P: Spencer, Polizistin, Polizist, Waltraud

– Der Polizist spricht Spencer an und fragt ihn, was er »da habe« und fordert ihn auf, in eine andere Ecke zu gehen, damit er sich den Karton anschauen kann – Waltraud beschwert sich über das Vorgehen des Polizisten – Spencer antwortet auf Nachfrage des Polizisten, dass der Karton von Stefano sei und dass darin Vitamintabletten seien – Polizist schickt Waltraud aus dem Zimmer, weil sie zu aufgebracht ist – Polizistin fragt Spencer, ob er noch mehr davon habe → Statement (49) – Spencer übergibt Polizistin das zuvor versteckte Tüte von Stefano – Spencer sagt der Polizistin, dass er nicht wisse, was darin sei – die Polizistin erklärt ihm, dass die Tüte Anabolika enthalte und er sich mit einem Verstoß gegen das Betäubungsmittelgesetz strafbar gemacht habe – Polizistin kündigt an, dass Anzeige gegen ihn erhoben wird und empfiehlt Spencer, sich einen guten Anwalt zu nehmen – Spencer versucht die Polizist_innen von seiner Unschuld zu überzeugen, diese hören jedoch nicht zu – der Polizist fragt, ob noch weitere Drogen versteckt seien (Spencer verneint) → Statement (50)	(49) Spencer – hat die Kisten vergessen und wusste nicht, was in ihnen drin war und wohin er sie hinstellen sollte – jetzt sei er in etwas reingezogen wurden, wovon er gar nichts wusste (50) Polizeibeamter – die Polizei habe vor einer Woche den Tipp bekommen, dass Stefano mit Anabolika dealt und Spencer ihn als Helfe unterstützt, indem er Neukunden anwirbt – die Ermittlungen würden zeigen, ob dem so sei oder nicht	

F1,46 STRABENZUG (36:57-36:59)
P: /

/	/	Der Neunzehnjährige…

F1,47 WOHNZIMMER LUTZ (36:59-38:11)

P: Lutz, Spencer

– Spencer weiß nicht, wie er Lutz die 1000€ zurückzahlen soll →Statement (51) – Spencer meint, dass sein Vater die ganze Zeit Recht hatte und hat Angst, ins Gefängnis zu müssen – Lutz besänftigt Spencer und vermittelt ihm eine bekannte Anwältin → Statement (52) – Lutz fragt nach Stefano und meinte, er solle sich mal bei ihm melden → Statement (53)	(51) Lutz – Moment habe er eine schlechte Phase (kein Geld, keine Familie, keine Wohnung) – dennoch habe er sich verändert und will seinen Sohn zu sich nehmen und ihm helfen (52) Spencer – bewundert seinen Vater dafür, dass er für ihn da ist, obwohl es ihm gerade selbst so schlecht gehe – denkt, Vater will ihm nur helfen – bereut sein Verhalten ggü. Lutz (53) – Spencer findet Lutz' Idee gut und will sich mit Stefano in Verbindung setzen – will das Stefano wieder sein bester Freund wird	*...ist am Boden zerstört und wendet sich hilfesuchend an seinen Vater. Doch auch der hat Probleme, denn seit er seinem Sohn 1000€ gegeben hat, ist er pleite.*

F1,48 WOHNBLOCK (38:11-38:13)
P: /

/	/	*Auf Vermittlung seines Vaters...*

F1,49 WOHNZIMMER (38:13-40:13)
P: Lutz, Spencer, Anwältin

– Anwältin klärt Spencer darüber auf, dass der Besitz der Anabolika strafbar ist – die Anwältin erklärt, dass bei den 8 Kisten Anabolika, die bei Spencer gefunden wurden, nicht mehr von geringen Mengen zu sprechen sei – Spencer fragt, ob er dann ins Gefängnis müsse – die Anwältin antwortet, dass es so nicht zu sagen sei, weil dabei viele Faktoren eine Rolle spielten →Statement (54) – Anwältin will Akteneinsicht beantragen und sich noch mal mit Spencer absprechen → Statement (55)	(54)Spencer – die Anwältin konnte ihn nicht beruhigen – meint, dass er die Anwältin in ihrem »Hochdeutsch und Amtsdeutsch« kaum verstanden habe – hat Angst (55) Anwältin – sagt, dass Stereoidenhandel strafbar sei und mit bis zu fünf Jahren Haft oder einer beachtlichen Geldstrafe – allerdings könne man versuchen klar zu machen, dass Spencer einem Irrtum unterlegen ist	*...führt der Schulabbrecher zwei Tage später ein erstes Beratungsgespräch mit einer Rechtsanwältin, das im heimischen Wohnzimmer stattfindet.*

F1,50 STRABENZUG MIT KIOSK (40:13-40:26)
P: Spencer, Stefano, Peggy

– Spencer geht auf der Bürgersteig; betritt Kiosk	/	*Spencer Rotkowski will sich heute mit seiner Ex-Freundin Peggy versöhnen und besucht sie deshalb an ihrem Arbeitsplatz. Doch zum Entsetzen des Neunzehnjährigen Kölner ist die Kioskangestellte nicht allein.*

F1,51 KIOSK/VIDEOTHEK (40:26-41:55)
P: s.o.

– Spencer geht wütend auf Stefano los und fragt ihn, ob er seine »Perle« anbaggere – Peggy widerspricht, dass sie nicht Spencers »Perle« sei – Stefano will, dass Spencer sich beruhigt – Spencer ist immer noch	(56) – Spencer ist aufgebracht – er wollte eigentlich mit Peggy ins Kino gehen und erwischte dabei, Stefano, wie er mit seiner Ex-Freundin flirtet	

aufgebracht → Statement (56) – Spencer sagt Stefano, dass er wahrscheinlich ins Gefängnis wegen ihm müsse – Peggy ist erschrocken über diese Perspektive – Stefano meint, Spencer müsse sich nicht sorgen, da er »nur« wegen Beihilfe verurteilt wird – Stefano meint Spencer rede Unsinn – Spencer teilt Stefano mit, dass er beim Anwalt war und dieser das gesagt hat – daraufhin wird Stefano kleinlaut und meint, er habe das alles gar nicht so richtig verstanden – Spencer beschimpft Stefano als »Idiot« – Spencer fragt Peggy, ob sie am Abend mit ihm ins Kino gehen will – Peggy lehnt ab – Spencer sagt, dass er bereue nicht auf alle gehört zu haben, was den Schulabschluss usw. anbelangt – Peggy freut sich darüber, aber will, dass Spencer und sie nur Freunde bleiben → Statement (57)	(57) Peggy – Spencer verhalte sich plötzlich »fast erwachsen« – Peggy freut sich über diese Entwicklung, will aber keine Liebesbeziehung mehr zu Spencer eingehen, weil sie »keinen Problemtypen« mehr als Freund haben will	

__F 1.52__ HOCHHAUS (GERICHT) (41:55–41:57)
P: /

–		*Wegen Beihilfe zum Anabolikahandel*

__F 1.53__ KORRIDOR (GERICHT) (41:57–43:11)
P: **Anwältin, Spencer, Waltraud, Lutz, Jutta, Stefano**

– Die Anwältin, Spencer, Lutz, Waltraud und Jutta stehen im Kreis und unterhalten sich – Stefano kommt den Korridor entlang – Jutta und Waltraud beschimpfen Stefano lautstark als sie ihn kommen sehen und fragen ihn, wie er das seinem besten Freund antun konnte → Statement (58) – Spencer versucht seine Mutter und Großmutter zu beruhigen – will dass sich alle »erwachsen« verhalten und nicht rumstreiten – Anwältin ruft zur Beruhigung auf und macht der Familie Hoffnung, dass alles gut endet – Waltraud schlägt der Anwältin vor, eine Falschaussage zu machen, in der sie behauptet, dass Spencer von Stefano gezwungen wurde, die Drogen zu lagern – Anwältin ermahnt Waltraud die Wahrheit zu sagen → Statement (59)	(58) Stefano – ist sich im Klaren darüber, dass er die Schuld trägt – möchte Spencer vor Gericht in Schutz nehmen (59) Spencer – es bringe nichts, alles Stefano in die Schuhe zu schieben – er wolle reinen Tisch machen, um dann wieder neu anfangen zu können	*steht der Hauptschulabbrecher zwei Monate später vor Gericht. Sein Freund Stefano hingegen wird als Haupttäter angeklagt.*

__F 1.54__ HOCHHAUS (GERICHTSGEBÄUDE) (43:11–43:14)
P: /

/	/	Spencer ist sehr nervös…

F1,55 KORRIDOR (43:14-44:47)
P: Anwältin, Spencer, Waltraud, Lutz, Jutta, Stefano

– Blick auf die Tür der Gerichtssaals, die sich während des off-Kommentars langsam öffnet – die Anwältin spricht mit dem Kamerateam und sagt, dass die Verhandlung sehr positiv verlaufen ist und Spencer zu einer Geldstrafe verurteilt wurde – Stefano hingegen sei aufgrund seines vorsätzlichen Handelns zu einer Freiheitsstrafe von 9 Monaten ohne Bewährung verurteilt wurden – Spencer spricht Stefano sein Mitleid darüber aus, dass dieser ins Gefängnis muss → Statement (60) – Stefano findet es wichtig, dass Spencer »einigermaßen gut weg gekommen« ist – Jutta ist wütend, weil sie nicht findet, dass Spencer mit Vorbestrafung und Geldstrafe »einigermaßen gut weggekommen« sei – Stefano verlässt die Szene – Spencer verspricht das Geld selbst zu bezahlen, wieder in die Schule zu gehen und Fördermaßnahmen zu besuchen und seinem Vater die geliehenen 1000€ zurückzubezahlen Statement (61)	(60) Stefano – findet die Gefängnisstrafe sehr hart – will die Zeit absitzen, um danach alles besser zu machen – allerdings werde die nächste Zeit ohne Frau »echt hart« werde (61) Spencer – glücklich, dass er »heil aus der Sache rausgekommen« ist – will seinem Vater und Peggy beweisen, dass er auch alles alleine schafft – erstmal wolle er sich einen Nebenjob suchen, um neben der Schule noch Geld zu verdienen	…doch anders als sein Mitangeklagter kommt er am Ende mit einem blauen Auge davon.

F1,56 WOHNZIMMER (44:48-45:05)
P: Lutz, Spencer

– Spencer und Lutz sitzen vor einem Laptop im Wohnzimmer – Lutz legt den Arm um Spencers Schulter	/	Spencer hat mittlerweile erkannt, dass es ein großer Fehler war, die Hauptschule vorzeitig zu verlassen. Doch diese falsche Entscheidung hat er nun korrigiert und setzt alles daran, einen guten Abschluss zu machen, damit der Traum von der KFZ-Mechaniker-Ausbildung auch wirklich in Erfüllung gehen kann [Abspann]

Anhang A2: Sequenzprotokoll F2

F2,1 VORSPANN/ TON-BILD-MONTAGE (00:00-02:00)
Personen: Familie Schmitz (Anton, Sharona, Tina, Luna, James)

Handlungsstruktur / Inhalt	Interview	Off-Kommentare
Off-Kommentar [1] Während off-Kommentar [1] – Blick auf Wohnsiedlung – Anton und Sharona spazieren Hand in Hand vor dem Wohnblock entlang – in der Küche: Anton und James sitzen am gedeckten Kaffeetisch; Sharona schneidet einen Kuchen an	(1) Anton – sagt, dass sie »eigenes Ding« machen und sich von niemanden herein reden lassen – der Familie gehe es gut (2) James – berichtet, dass er beim Physikwettbewerb ein Modell gebastelt habe,	[1]In einem kleinen Stadtteil von Köln lebt Familie Schmitz. Vater Anton und Mutter Sharona sind schon seit längerer Zeit arbeitslos und erhalten Hilfe vom Amt. Trotzdem sind die zweifachen Eltern mit ihrem Leben zufrieden

→ Statement (1) [2] Ton Bilder zu [2]: - Wohnzimmer: Anton und James streiten sich - Anton nimmt James Buch und legt es wild artikulierend zur Seite - James verlässt das Zimmer → Statement (2) und (3) Während Statement (2) teilweise Bildermontage: - James unterhält sich allein mit Lehrerin im Klassenzimmer [3] Ton Bilder zu [3] - in der Küche: James tritt ein - Sharona sitzt am Küchentisch und öffnet ihr Portemonnaie - Sharona und Anton streiten mit James - Sharona hält James vorwurfsvoll das Portemonnaie hin - im Gegenzug nimmt James die Schachtel Zigaretten, die auf dem Tisch liegt, und zeigt sie vorwurfsvoll seinen Eltern - der Vater nimmt die Packung und zündet sich eine Zigarette an → Statement (4) und (5) Während Statement (5) teilweise Bildermontage: - James am Schreibtisch, lernend Ton [4] Bilder zu [4] - in James' Zimmer: Schwester Tina stellt den Tragekorb mit dem Baby auf James Bett - James sitzt am Schreibtisch und lernt während das Baby im Vordergrund gezeigt wird - in Tinas Zimmer: Tina streitet mit Anton - Anton deutet kopfschüttelnd auf seine FC-Köln-Fanartikel, die im Zimmer aufgehängt sind - James liegt im Bett und stützt sich genervt auf, weil er scheinbar keinen Schlaf findet - Baby-Bett im Bild → Statement (6) Logo »Familien im Brennpunkt« / Jingle/Musik	welches die Lehrerin begeisterte - Seine Lehrerin meinte, dass er sogar das Abitur schaffen könne (3) Anton - meint, die Lehrerin setzt seinem Sohn »einen Floh ins Ohr« - er selbst habe auch mit 14 Jahren begonnen, einer Arbeit nach zu gehen - Niemand in der Familie habe jemals das Gymnasium besucht, sein Sohn James brauche das auch nicht (4) Sharona - findet 24€ pro Monat für Englischnachhilfe für ihren Sohn zu teuer - Sie leben in Deutschland und daher sei Englischunterricht unnötig (5) Lehrerin - erachtet James als außergewöhnlich intelligenten Jungen - er brauche ein bisschen Unterstützung, besonders im Fach Englisch und dann könne er es weit bringen (6) James - er höre rund um die Uhr das schreiende Baby und könne gar nicht mehr lernen - er will es nicht länger hinnehmen, dass die Eltern ihm seine Zukunft verbauen - er will Abitur machen, sonst komme er nie »aus dem Elend hier« heraus	[2] Doch seit kurzem gibt es Streit. Denn Sohn James will nach dem Abschluss der Hauptschule aufs Gymnasium wechseln. Zum Ärger seiner Eltern, aber sehr zur Freude seiner Lehrerin. [3]Damit James den nötigen Abschluss schafft, organisiert ihm die Lehrerin Englischnachhilfeunterricht für sechs Euro pro Woche, doch das ist dem erwerbslosen Ehepaar zu viel. [4] Seit einer Woche muss der 16-Jährige sogar sein Zimmer teilen. Denn während seine Schwester Tina mit Töchterchen Luna für ein paar Tage bei einem Mutter-Kind-Programm war, hat Vater Anton aus ihrem Zimmer einen Hobbyraum für sich gemacht. Deshalb muss die Teenie-Mama samt Baby nun bei ihrem Bruder im Zimmer schlafen.

F2.2 HOCHHAUS (02:01-02:04)
P: /

/	/	Der Hauptschüler James Schmitz will den sogenannten....

F2.3 KÜCHE (02:04-02:29)
P: Sharona, Anton, James

- Sharona und Anton decken den Tisch - James sitzt am Küchentisch und lernt - Anton fährt James an, dass er vom Lernen seines Sohnes genervt sei und er endlich aufhören solle - es klingelt an der Tür		... 10B-Abschluss machen und am Ende des Schuljahrs aufs Gymnasium wechseln. Doch seine Eltern sind dagegen und legen dem fleißigen Teenager Steine in den Weg.

– Anton fordert James auf, die Tür zu öffnen – James geht zur Tür		

F2,4 AN DER WOHNUNGSTÜR/FLUR (02:29-03:02)
P: Lehrerin, James

– James Lehrerin steht vor der Tür – sie begrüßt ihn und will mit James' Eltern sprechen – James erzählt, dass er sich jetzt sein Zimmer mit seiner Schwester und ihrem Baby teilt – Lehrerin fragt James, ob sie das Zimmer sehen dürfe – James geht voran und zeigt ihr sein Zimmer		

F2,5 JAMES ZIMMER (03:02-04:15)
P: James, Lehrerin, Anton, Sharona

– Lehrerin tritt ein – Lehrerin ist entsetzt und sagt zu James, dass das »kein Zustand sei« → Statement (1) – Vater Anton betritt das Kinderzimmer und will wissen, was los ist – Lehrerin Elstner begrüßt Anton und erzählt ihm, dass sie mit ihm und seiner Frau über James reden wolle – auch Sharona betritt das Zimmer – Anton bezichtigt die Lehrerin Elstner in James Zimmer herumgeschnüffelt zu haben – Lehrerin verteidigt sich und sagt, dass James ihr nur sein Zimmer gezeigt hat und nun wundere sie sich nicht mehr, dass James Leistungen so nachgelassen haben →Statement (2) – Lehrerin unterbreitet den Eltern, dass ihr Sohn die »einmalige Chance« habe, aufs Gymnasium zu kommen – Lehrerin fordert mehr Unterstützung der Eltern für James – Sharona reagiet verärgert und gibt ihr zu verstehen, dass ihr Sohn »kein Astronaut werden brauche« und dass sie »ganz normale Leute seien« → Statement (3) – Sharona erklärt der Lehrerin, dass sie kein Geld dafür haben, dass James Abitur macht – James bittet seine Mutter darum – Anton verbietet ihm den Mund und schreit James an, dass er kein Abitur mache – Anton fordert die Lehrerin auf, die Wohnung zu verlassen	(1) Lehrerin Elstner: – geschockt über James Wohnsituation – habe bereits vermutet, dass James aus »sozial schwächeren Verhältnissen« kommt, aber so etwas habe sie noch nicht gesehen (2) Anton – verärgert, dass die Lehrerin in ihrer Wohnung rumschnüffle – ist genervt von der Lehrerin seines Sohnes (3) James – fand es nett, dass die Lehrerin seine Familie besucht hat – schämt sich für das Verhalten seiner Eltern	

F2,6 WOHNUNGSFLUR (04:16-04:38)
P: Anton, Lehrerin, Sharona, James

– Anton drängt Lehrerin in den Wohnungsflur – Lehrerin besteht darauf, dass Anton und Sharona ihrem	(4) Sharona Schmitz – will, James Lehrerin nie wieder bei ihnen auftaucht – sie versteht nicht, was sie	

Sohn mit ihrem Verhalten die Zukunft verbauen – Anton fordert die Lehrerin erneut eindringlich auf, zu gehen → Statement (4) → Statement (5)	wollte: Ihr Sohn sei gut in der Schule und sie solle ihm keine Flausen in den Kopf setzen (5) Lehrerin Elstner – kann nicht begreifen, wie Anton und Sharona Schmitz ihrem Sohn die Zukunft »verbauen« können – nimmt sich vor, James zu helfen	

F2,7 GEHWEG AM SPORTPLATZ (04:39-04:40)
P: /

/	/	Am Nachmittag ist James,...

F2,8 SPORTPLATZ (04:40-6:00)
P: James, sein Freund Jens, Baby Luna

– James kommt mit einem Kinderwagen auf den Sportplatz gefahren, wo sein Freund Jens auf ihn wartet – Jens meint zu James, dass er sich ausnutzen lasse – James und Jens beginnen Basketball zu spielen und unterhalten sich während dessen – James erzählt auf Nachfrage, dass er noch nicht für die Englischklausur am nächsten Tag gelernt habe – James meint er werde die Klausur mit einer schlechten Note abschließen, da er nachts wegen dem Baby nicht schlafen könnte und sein Vater ihn nicht lernen lasse – James ist durcheinander, weil sich seine Eltern bei dem Besuch der Lehrerin seiner Meinung nach »beschissen« gegenüber Frau Elstner verhalten hätten – James erzählt Jens, dass er sehr gerne aufs Gymnasium und später auf die Universität gehen würde – Jens wundert sich über das Verhalten von James Eltern: er meint, wenn er so intelligent wie James wäre, würden seine Eltern ihn unterstützen – James kann es auch nicht verstehen und fragt sich, was sein Vater gegen »das Lernen« habe – für ihn sei das nur »Vararsche« und James solle lieber Geld »ranschaffen« – Das Baby Luna beginnt zu Schreien – James unterbricht das Basketballspiel und schaut nach dem Baby – James merkt, dass die Windeln voll sind und geht mit dem Kinderwagen nach Hause, um das Baby zu wickeln → Statement (6)	(6) Jens – hat Mitleid mit James, weil er das Potenzial dazu hätte, das Gymnasium zu besuchen, aber wenn er weiterhin auf das Baby aufpassen müsse, dann könne das nicht funktionieren	...mit seinem Freund Jens zum Basketball verabredet. Doch der 16-Jährige kommt nicht alleine, da er auf das Baby seiner Schwester aufpassen muss.

F2,9 WOHNBLOCK (TOTALE) (06:00-06:02)
P: /

/	/	Am nächsten Tag...
F2.10 ANTONS HOBBYZIMMER (06:02-07:34) P: Anton, James		
– James betritt das Zimmer, während Anton gerade ein Fußballplakat anbringt – Anton fragt seinen Sohn, ob das Poster gerade hängt – James hilft ihm bei der Befestigung – James bittet seinen Vater um 30 Euro. (Dieser lehnt empört ab) – James brauche das Geld für ein neues Mathebuch → Statement (7) – James bettelt seinen Vater erneut an – Anton meint, er habe das Geld nicht und wenn, dann könne er davon besser Karten für den 1. FC Köln kaufen – James fragt nochmal – Anton mahnt James ab, ob er sich denn schon um einen Ausbildungsplatz gekümmert habe – James verneint – Anton schimpft mit seinem Sohn, dass er sich endlich einen Ausbildungsplatz suchen solle – James antwortet, dass er keine Ausbildung machen wolle (stattdessen Abitur) und verlässt den Raum – Anton ruft seinen Sohn zurück und gibt ihm fünf Euro und beauftragt ihn eine Schachtel Zigaretten kaufen zu gehen – James ist verärgert und verlässt das Zimmer → Statement (8) → Statement (9)	(7) Anton – erzählt, dass James als Kind nicht so wissbegierig gewesen sei – James solle damit aufhören und sich an die Familientradition halten (arbeiten schade nicht) (8) James – ist es peinlich, dass er seinen Vater um das Geld für das Mathebuch bitten musste – habe sich schon gedacht, dass sein Vater ihm das Geld nicht gibt – kann nicht glauben, dass sein Vater ihn dann auch noch losschickt, um Zigaretten zu holen – sein Vater solle auch an ihn denken und nicht nur an sich selbst (9) Anton – James sei alt genug, um sein eigenes Geld zu verdienen	...kommt es erneut zum Streit zwischen dem fußballverrückten Familienvater und seinem lernwilligen Sohn.
F2.11 STRASSENZUG MIT TANKSTELLE (07:34-07:37) P: /		
/	/	Zwei Tage später macht der 38-Jährige Kölner seine ...
F2.12 AN DER AUTO-WASCHANLAGE (07:37-09:04) P: James, Anton, Jan Breuer		
– James und Anton gehen über den Parkplatz zum Eingang der Auto- Waschanlage – Anton wird direkt von seinem Bekannten begrüßt – Anton fragt Jan nach einem Job für James – Jan Breuer meint, er suche noch eine Aushilfe und ob James Lust habe, in der Waschanlage zu arbeiten – Jan Breuer sagt, dass er die Aushilfe für vormittags benötige, woraufhin Vater Anton sofort begeistert ist – Jan Breuer zeigt James die Anlage und erklärt ihm die Technik → Statement (10) – James findet die Anlagentechnik spannend und erzählt, dass sie so etwas im Physikunterricht	(10) Jan Breuer – meint, dass James einen guten Eindruck für den Job als Aushilfe macht – solange James pünktlich und höflich sei, sehe er keine Probleme (11) James – hat keine Lust in der Waschanlage zu arbeiten – vormittags müsse er in die Schule, aber in dem Moment habe er sich nicht getraut, etwas zu sagen, weil sein Vater sofort wütend geworden wäre (12) Anton – er habe James einen Job besorgt, dann könne er sich selbst das Geld für das Mathebuch verdienen	...Ankündigung wahr und geht mit seinem Sohn zu einem befreundeten Waschanlagenbesitzer.

besprochen hätten
- Jan Breuer sagt zu James, dass er für den Job keine Physik brauche und führt ihn von der Anlage weg
- James könne am nächsten Tag morgens um 9Uhr anfangen
- Anton sagt zu Jan Breuer, dass er die Uhrzeit gut finde, bevor James zu Wort kommt
- Anton belehrt seinen Sohn, dass er dort keine Autos bauen sondern waschen solle
→ Statement (11)
- Jan und Anton verabschieden sich
→ Statement (12)

F2,13 STRAßENZUG MIT WASCHANLAGE (09:04-09:08)
P: /

| / | / | Wegen seines neuen Jobs kann der Zehntklässler ... |

F2,14 WASCHANLAGE (09:08-11:20)
P: James, Lehrerin Elstner, Jan Breuer

- James arbeitet in der Waschanlage und spritzt im Overall ein Auto ab - seine Lehrerin sitzt in dem Auto, welches er gerade wäscht und spricht ihn verwundert an - Lehrerin möchte wissen, was James dort mache - James berichtet seiner Lehrerin, dass er jetzt dort arbeite - die Lehrerin ist empört, dass James Vater seinen Sohn noch am selbigen Morgen in der Schule krank gemeldet hat - James entschuldigt sich für die Lüge seines Vaters - die Lehrerin steigt aus dem Auto aus und will wissen, warum James die Schule schwänze statt zu lernen - James entschuldigt sich und erzählt, dass er mit dem Job das Geld für die neuen Schulbücher verdiene - die Lehrerin ist empört, dass James Vater seinen Sohn darin unterstützt, die Schule zu schwänzen → Statement (13) - Jan Breuer nähert sich der Lehrerin und James und fragt, ob es Probleme gebe - die Lehrerin beschwert sich beim Waschanlagenbesitzer Jan Breuer darüber, dass er den schulpflichtigen Schüler James während der Schulzeit bei sich arbeiten lässt - Jan Breuer entschuldigt sich und gibt an, dass er nicht wusste, dass James noch zur Schule geht → Statement (14) - Lehrerin droht Jan Breuer mit Folgen - Jan Breuer geht zurück ins Gebäude - Lehrerin bittet James in ihrem	(13) Lehrerin Elstner - setzt sich dafür ein, dass James seinen Gymnasialabschluss macht - ist empört, dass James Vater ihn stattdessen zum Arbeiten in die Waschanlage schickt (14) Jan Breuer - ist genervt davon, dass er doch nur seinem Kumpel Anton helfen wollte und jetzt James Lehrerin so ein Aufsehen macht - ist wütend auf Anton, weil dieser ihm nicht gesagt hat, dass James noch in die Schule muss (15) James - ärgert sich, dass seine Lehrerin ihn »auf frischer Tat ertappt hat« - fühlt sich hilflos - steht zwischen zwei Stühlen wegen seiner Familie und der Schule	*...in der folgenden Woche nicht zur Schule gehen und lässt sich von seinem Vater bei der Klassenlehrerin entschuldigen. Doch durch einen Zufall fliegt die Lüge auf.*

134

Auto einzusteigen		

F2,15 HOCHHAUS (11:20-11:25)
P: /

/	/	Nachdem der 16-Jährige von seiner Lehrerin ertappt wurde,...

F2,16 JAMES' ZIMMER/KORRIDOR (11:25-11:44)
P: James

– James sitzt auf seinem Bett und öffnet einen Brief – James resümiert laut den Briefinhalt und schreitet dabei langsam aus seinem Zimmer (der Brief stammt von Jan Breuer, dem Waschanlagenbesitzer, welcher möchte, dass James bei ihm eine Ausbildung als Einzelhandelskaufmann macht) – James ist irritiert, weil er nicht danach gefragt hatte und geht ins Wohnzimmer zu seinen Eltern		...gibt er seinen Aushilfsjob auf und geht wieder zur Schule. Doch nur drei Tage später erhält er überraschend ein neues Arbeitsangebot.

F2,17 WOHNZIMMER (11:44-12:47)
P: James, Anton, Sharona

– James betritt das Wohnzimmer und erzählt seinen Eltern verwundert über das Arbeitsangebot – Anton freut sich darüber – James sagt, dass er keine Lust auf diese Ausbildung habe – Anton entgegnet daraufhin, dass das »Leben kein Wunschkonzert« sei → Statement (16) – Anton sagt James, dass er nicht aufs Gymnasium gehe – Sharona unterstützt ihren Mann und befiehlt James, die Anweisungen seines Vaters zu befolgen, da dieser mehr Lebenserfahrung habe – James meint darauf, dass er keine Autos waschen wolle → Statement (17) – Anton erhebt sich und redet auf James ein, dass er die Ausbildung machen müsse, um sein eigenes Geld zu verdienen – James fragt Anton rhetorisch, was für ein Vater er sei und weicht vor seinem näher kommenden Vater aus (verlässt dabei das Wohnzimmer) – Anton ruft James hinter her, dass er ihm nicht mehr auf der Tasche liegen solle und eigenes Geld verdienen solle – wenn James nicht ruhig sei, komme er hinterher – Anton und Sharon unterhalten sich und sagen beide, dass sie nicht begreifen können, was in ihrem Sohn vorgeht – James »ticke durch«	(16) James – möchte nicht »so enden« wie seine Eltern – möchte »etwas Besseres« als seine Eltern werden und die Chancen in seinem Leben nutzen (17) Sharona – meint, andere Leute würden sich über eine Ausbildungsstelle freuen, aber James sei undankbar und wolle »etwas Besseres« werden	–

F2,18 BLICK AUF BAUGERÜST/SCHULGEBÄUDE (12:47-12:51)
P: /

/	/	James ist frustiert und will seinen Traum vom Abitur

		bereits begraben...

F2,19 KLASSENRAUM (12:51-14:20)
P: Lehrerin Elstner, James

– Lehrerin geht zu James, der noch als einziger im Klassenraum an seinem Tisch sitzt und seine Sache zusammenpackt – Lehrerin will wissen, wie die Stimmung bei James zu Hause ist – James antwortet, dass er nachts wegen dem Baby kaum noch schlafen könne und sein Vater Anton lasse ihn auch kaum lernen – Lehrerin habe sich Gedanken gemacht über James Situation und die Geldsorgen der Familie – Lehrerin ermuntert den niedergeschlagenen James, dass seine Eltern noch einsehen werden, dass er aufs Gymnasium gehöre → Statement (18) – Lehrerin bietet an, erneut mit James Eltern zu reden – Lehrerin hat James einen Job als Nachhilfelehrer in Physik besorgt, damit er seine Schulbücher bezahlen kann – James ist begeistert → Statement (19) – freut sich auf den Job – Lehrerin freut sich, James helfen zu können – beide verlassen den Klassenraum → Statement (20)	(18) James – genervt von seiner Familie – würde am Liebsten von zuhause ausziehen, aber weiß nicht wohin er könnte (19) James – findet das Gespräch mit seiner Lehrerin gut – freut sich über den Nachhilfejob (20) Lehrerin Elstner – kann die Sorgen von James Eltern verstehen – dennoch sei für James der Weg aufs Gymnasium der richtige Weg – mit der Nachhilfe könne er sich ein Stück besser finanzieren und die Eltern entlassten	...doch die

F2,20 HAUSFASSADE (14:20-14:32)
P: James

– James betritt das Gebäude mit einem Kinderwagen und klingelt	/	Den ersten Einsatz als Nachhilfelehrer hat der Hauptschüler schon am nächsten Tag bei seinem Freund Jens...

F2,21 JENS' WOHNUNG (14:32-16:16)
P: James, Jens, Baby Luna

– James kommt mit dem Kinderwagen zur Nachhilfestunde – Jens fragt James irritiert, ob er nicht zur Nachhilfe statt zum Babysitten gekommen sei – James erklärt, dass er zur Nachhilfe da sei, aber das Baby seiner Schwester mitbringen musste, weil diese zum »Amt« musste und sein Vater sonst mit ihm geschimpft htte – Jens und James betreten das Wohnzimmer – Jens ist wenig begeistert und hofft, dass das Baby nicht zu laut ist, damit sie üben können – James ist der Meinung, dass das Baby Luna ruhig bleiben wird – James meint zu Jens, dass die Physikaufgaben einfach seine oder er ihm diese gut	(21) James – schämt sich dafür, dass er das Kind seiner Schwester zum bezahlten Nachhilfejob mitnehmen muss – sieht aber keine Alternative dazu, das Baby mitzunehmen, weil Schwester Tina keine Zeit hat (21) Jens – freut sich, dass James ihm hilft – seine Eltern bezahlen James gerne das Geld, weil es Jens' Noten hilft – James könne richtig gut erklären und hätte auch eine Chance als Lehrer (22) James – findet es erstaunlich, so schnell 20 Euro verdient zu haben	... allerdings ist er dabei wieder einmal nicht alleine. [2] Glücklicherweise bleibt die kleine Luna an diesem Nachmittag fast durchgehend ruhig, sodass James den Nachhilfeunterricht ungestört erteilen kann.

erklären könne – das Baby beginnt zu weinen, Jens ist genervt – James geht zum Kinderwagen und beruhigt Luna – James bittet Jens leise zu reden, damit Luna schlafen kann → Statement (21) , [2] – Jens schreibt auf seinen Block, James sitzt vor dem Schulbuch – Jens sagt, er habe es nun »wirklich verstanden« – James packt seine Unterlagen ein und wüscht Jens, dass er nun besser in der Schule zurecht kommt – Jens bekräftigt, dass es ihm sehr geholfen hat – Jens und James verabschieden sich und James verlässt mit dem Kinderwagen die Wohnung → Statement (22)	– ist begeistert vom Job, der ihm Spaß macht und ihn nicht anstrengend – findet die Nachhilfe eine viel bessere Tätigkeit als in der Waschanlage zu arbeiten	

F2,22 WOHNBLOCK (16:16-16:18)
P: /

/	/	Schon nach einer Woche als Nachhilfelehrer hat James genug verdient,....

F2,23 JAMES ZIMMER (16:18-16:38)
P: James

– James habe 50 Euro in seiner Kasse gehabt, aber jetzt fehle ein großer Teil – James ruft nach seinen Vater und verlässt sein Zimmer, um diesen zu suchen		... um das Mathematikbuch für die Schule zu kaufen. Doch als der Zehntklässler am Mittag zur Buchhandlung aufbrechen will, macht er eine schockierende Entdeckung.

F2,24 HOBBYZIMMER (16:38-17:38)
P: James, Anton

– James erzählt seinem Vater, dass ihm 30 Euro aus seiner Kasse – Anton erklärt, dass er es genommen habe – James wirft ihn vor, ihn beklaut zu haben, woraufhin Anton erwidert, dass er ihn nicht beklaut habe – → Statement (23) – Anton habe sich »zurück geholt«, was ihm zustehe – James entgegnet irritiert, dass er sich doch nie Geld von ihm geliehen habe – Anton antwortet, er habe ihn 16 Jahre lang durch gefüttert – James möchte das Geld zurück haben – Anton meint, er würde es nicht wiederbekommen – James will wissen, ob Anton das Geld schon ausgegeben habe – Anton habe sich davon eine Fußball-Karte gekauft – James ist verärgert und fordert sein Geld ein – Anton weigert sich → Statement (24)	(23) James – findet es unverschämt, dass sein Vater das Geld genommen hat (24) Anton – James solle sich »nicht so anstellen« wegen der 30 Euro – er habe schon so viel für James bezahlt und werde auch noch mehr zahlen und da stehe es ihm zu sich etwas »zurück zu holen«	

F2,25 STRAßENZUG MIT IMBISS (17:38-17:41)
P: /

/	/	Einen Tag später macht

		Familie Schmitz einen ...

F2,26 IM IMBISS (17:41-19:29)
P: James, Anton, Sharona, Tina, Baby Luna

– Familie Schmitz sitzt am Tisch, Vater Anton bringt Teller mit Fritten an den Tisch – James sitzt am Tisch mit dem Baby Luna auf dem Arm – James verärgert, dass für Fritten Geld da sei (davon könne er sich zwei Schulbücher kaufen) – Anton findet, dass James sich nicht so aufregen solle, er bekomme ja bald wieder neues Geld – Tina äußert sich, dass das Essen schmackhaft ist – Sharona fragt James skeptisch, ob ihm sein neuer Job als Nachhilfelehrer Spaß mache – James bejaht begeistert – Tina bezeichnet ihn als »Spießer« und »Streber« und findet, James verhalte sich nicht angemessen für die Familie – James verteidigt sich, dass es nicht »spießig« sei und fragt Tina, warum sie sich einmische – James sagt, dass seine Planung, danach Abitur zu machen, fest stehe – Tina lacht; Vater Anton und Sharona beschweren sich nacheinander, dass James dann die nächsten 10 Jahre noch finanziell abhängig von ihnen sei – James beharrt darauf, studieren und Lehrer werden zu wollen → Statement (25) – Anton befiehlt James eine Ausbildung zu machen, da er »nichts Besseres« als die Familie Schmitz sei – Tina sieht sich bestätigt und beschimpft James, »er ekle sie alle an mit seinem Spießer-Scheiß« und er solle auf den Boden zurück kommen → Statement (26) – James erwidert, dass Tina auf den Boden zurück kommen solle; sie habe eine Tochter und solle sich um ihr Baby kümmern – James überreicht ihr das Baby – James nimmt seine Jacke und verlässt das Lokal → Statement (27)	(25) Sharona – glaubt, dass James Lehrerin Elstner James dazu animiert hat, Lehrer werden zu wollen – als Kind hätte James noch KFZ-Mechaniker werden wollen – sie fragt sich, was das alles solle und kann es nicht begreifen (26) Tina – früher sei ihr Bruder noch ganz »normal« gewesen, da sei er einer von ihnen gewesen – aber in letzter Zeit spinne er nur noch rum und hebe ab – genervt von James und findet ihn eingebildet – James zerstöre die ganze Familie (27) James – perplex und verärgert, dass seine Schwester ihn so angeht, obwohl er auf ihr Kind aufpasse,	... Ausflug in ihre Lieblingsimbissbude. Alle sind gut gelaunt – außer James, der noch immer seinem Geld nachtrauert.

F2,27 SCHULGEBÄUDE (AUßEN) (19:29-19:33)
P: /

/	/	Nach dem Streit in der Imbissbude platzt Vater Anton ...

F2,28 SCHULGEBÄUDE (INNEN), LEHRERZIMMER (19:33-21:23)
P: Anton Schmitz, Lehrerin Elstner

– Anton Schmitz betritt das	(28) Anton Schmitz	... der Kragen. Der 38-Jährige

138

Schulgebäude und läuft zielstrebig in Richtung des Lehrerzimmers – Lehrerin Elstner begrüßt ihn überrascht – Anton Schmitz will von der Lehrerin Elstner wissen, warum seine Famile zerrütte und seinem Sohn »einen Floh ins Ohr«setzen wolle – Lehrerin Elstner bestreitet dies und meint sie habe James lediglich gesagt, dass er gute Chancen hätte, weit zu kommen – Anton Schmitz will wissen, warum sie ihm gesagt habe, dass James Lehrer werden soll – Lehrerin Elstner streitet den Vorwurf ab; sie habe James nie gesagt, dass er Lehrer werden solle, das sei James' eigene Idee, weil er Spaß am Unterrichten in der Nachhilfe habe – Anton schreit, dass er kein Geld habe (Lehrerin bittet ihn, sich erst einmal zu setzen); Hartz-IV-Empfänger könnten keine Ausbildung finanzieren → Statement (28) – Lehrerin Elstner sagt zu Anton Schmitz, es würde schon ausreichen, dass James ehrgeizig und intelligent ist, mehr würde nicht benötigt, damit er es schaffe – Anton Schmidt geht die Lehrerin Elstner mit der Unterstellung an, sie suche in James einen Ersatzsohn und wolle den Schmitz' ihren Jungen wegnehmen – Lehrerin Elstner ist verblüfft und muss kurz lachen – sie erklärt, dass sie Lehrerin geworden sei, um Kinder zu fördern – Anton Schmitz unterstellt ihr nun, mit »glänzenden Augen« von James zu sprechen und wohl in ihn verliebt sei – Lehrerin Elstner warnt Anton Schmitz eindringlich, dass sie sich diese Vorwürft nicht gefallen lasse und verweist ihn des Raumes – Anton Schmitz will zunächst nicht gehen, doch als die Lehrerin noch lauter wird, verlässt er den Raum und verspricht Ärger – Lehrerin Elstner sitzt alleine im Lehrerzimmer und sagt, sie habe »so etwas« in ihrer ganzen Schullaufbahn noch nicht gehört → Statement (29)	– findet, dass die Lehrerin Elstner »einen Dachschaden« hat – bevor sie da gewesen wäre, sei noch alles »gut« gewesen (29) Lehrerin Elstner – genervt und traurig – sie bemühe sich um einen Schüler und habe dann auch noch Probleme mit seinen Eltern – sie teilt langsam James' Einschätzung, ,dass mit seinen Eltern nicht zu reden sei	*ist stinksauer auf die Lehrerin seines Sohnes und stellt sie am nächsten Tag im Klassenzimmer zur Rede*

F2.29 SCHULE (AUßENANSICHT)/SPORTUMKLEIDE (21:23-21:35)
P: /, James, Jens

– James und Jens ziehen sich ihre Sportkleidung an und unterhalten sich	/	*Der nächste Schultag beginnt für den 16-Jährigen und seinem besten Freund mit*

139

F2,30 SPORTHALLE (21:35-23:05)
P: James, Jens, Lehrerin Elstner

– James teilt seinem Freund Jens mit, dass er nach dem Gymnasium gerne Sportlehrer werden wolle – Jens meint, dass wolle er auch gerne – Jens fordert James auf am Kasten zu zeigen, was er könne – James stimmt zu und holt einen Kasten aus dem Geräteraum und freut sich auf die »Vorführung« – beim Sprung über den Kasten verletzt er sich an seiner Hand – Lehrerin Elstner kommt besorgt herein gelaufen und fragt James, was passiert sei – Lehrerin Elstner nimmt behutsam James' Hand um zu schauen, ob ein Bruch vorliegt und gibt Entwarnung (nur verstaucht) – die Lehrerin bemitleidet ihn und hilft ihm hoch – meint sein Vater habe Recht, dass er kein Sportlehrer werden solle – die Lehrerin streitet das ab und ermutigt James, dass er ein »super Sportlehrer« werde → Statement (30) und Statement (31)	(30) Lehrerin Elstner – verstehe, dass James Selbstzweifel habe und den Mut verliere, wenn seine Familie ihm versuche den Weg aufs Gymnasium auszureden – findet es unbegreiflich, wie Eltern ihrem eigenen Kind »solche Steine in den Weg« legen können (31) James – seine Hand schmerze sehr, aber fühlt sich von seiner Lehrerin ermutigt, weiter zu kämpfen	...Stunde Sport. Neben Physik das zweite Lieblingsfach des jungen Nachhilfelehrers.

F2,31 MEHR-PARTEIEN-WOHNHAUS (AUßEN) (23:05-23:07)
P: /

/	/	Nach dem Schulunfall seines...

F2,32 IM KORRIDOR (23:07-25:41)
P: Zwei Polizisten, Anton, Lehrerin Elstner

– Anton Schmitz durchschreitet den Korridor, gefolgt von zwei Polizisten – Anton Schmitz klingelt, die Lehrerin Elstner öffnet die Tür – Lehrerin Elstner ist erstaunt über Anton Schmidts Besuch und der Polizeibegleitung – Anton Schmitz ist wütend und beschuldigt Lehrerin Elstner, seinen Sohn James die Treppe hinunter geschubst zu haben – Lehrerin Elstner ist perplex und entgegnet Schmitz, dass er doch wissen müsse, dass sich James beim Sportunterricht verletzt habe – Anton Schmitz will, dass die Lehrerin festgenommen wird, weil sie lüge – Lehrerin Elstner berichtet von dem Zeugen Jens – Anton Schmitz spricht von einer Schulterverletzung, während Elstner eine Handverletzung meint – Polizist fragt nach dem genauen Vorfall, den die Lehrerin daraufhin beschreibt (James sei beim	(32) Polizist Blank – er könne niemanden ohne Beweise festnehmen – die Beweise sprechen nicht gegen Elstner – glaubt Elstner (33) Anton Schmitz – echauffiert sich, dass Elstner nicht festgenommen wurde – stellt die Rolle der Polizei als »Freund und Helfer« in Frage (34) Lehrerin Elstner – denkt, dass bei Anton Schmitz »die Emotionen hochkochen« – kann nicht verstehen, wie er mit der Polizei bei ihr zuhause auftauchen kann und ihr solche unbegründeten Vorwürfe machen kann – findet, dass Schmitz' Auftritt zwar lächerlich sei, dennoch könne er ihren Job kosten	... Sohnes geht James Vater zur Polizei und beschuldigt die Lehrerin schwer, sodass noch am selben Tag ein Hausbesuch bei ihr stattfindet.

Radschlagen unglücklich
gestürzt)
- Anton Schmitz bezichtigt
  Elstner die Zeugen
  bestochen zu haben
- Elstner nennt dem Polizisten
  Jens' Namen
→ Statement (32)
- Polizist Blank sagt, er werde
  Jens kontaktieren und in
  diese Richtung weiter
  ermitteln
- Anton schmitzt ist empört,
  weil Elstner nicht
  festgenommen wird und
  beginnt sie anzuschreien
- Polizist Blank versucht
  Schmitz zu beruhigen
- Schmitz und Blank gehen
→ Statement (33)
- während Schmitz und Polizist
  Blank den Korridor Richtung
  Ausgang entlangschreiten,
  schreit Anton Schmitz weiter
  herum
- Polizist Blank versucht
  weiterhin Anton Schmitz zu
  beruhigen und erklärt ihm das
  weitere Vorgehen (Zeugen
  Jens vernehmen)
- Anton Schmitz versteht nicht,
  warum er als Polizist »nichts«
  unternehme (er sei
  schließlich »das Gesetz«)
→ Statement (34)

F2.33 SCHULGEBÄUDE (AUßEN) (25:41-25:44)
P: /

| / | / | Die Nachricht vom überraschenden Polizeibesuch verbreitet sich … |

F2.34 SCHULGEBÄUDE (INNEN) (25:44-27:34)
P: James, Lehrerin Elstner

- James schreitet durch den Schulkorridor in Richtung Klassenzimmer - James trifft die Lehrerin im Klassenzimmer an und entschuldigt sich bei ihr für das Verhalten seines Vaters - James erzählt, dass er seinem Vater die Wahrheit über die Sportverletzung gesagt habe, sich dieser jedoch nicht davon abbringen ließ von seinem Glauben, dass Lehrerin Elstner ihn die Treppe hinunter gestoßen habe - Elstner nimmt die Entschuldigung an → Statement (35) - James erzählt, dass sein Vater alles unternehme, damit er nicht aufs Gymnasium gehe - James gebe es nun auf und wolle eine Ausbildung statt dem Abitur machen - Lehrerin versucht ihm Mut zu machen, dass er wegen solch einer »Kleinigkeit« nicht aufgeben solle - Lehrerin Elstner ist sich	(35) James - findet, dass sich sein Vater »unmöglich« verhalten habe - die ganze Schule lache über ihn, weil er sich Lügen über seine Lehrerin ausdenkt - froh, dass Lehrerin Elstner das Verhalten nicht so ernst nimmt (36) James - verzweifelt: sein Herz sage »Gymnasium«, sein Kopf »Ausbildung« - will keine Probleme mehr zu Hause (37) Lehrerin Elstner - hat Mitleid mit James - kann das Verhalten der Eltern Schmitz nicht nachvollziehen - sie würde sich gegenüber ihren Kindern nicht so verhalten	… in der Schule wie ein Lauffeuer. Dem Zehntklässler ist der Vorfall sehr unangenehm, denn er schämt sich für das Verhalten seines Vaters und will sich deshalb am nächsten Tag persönlich bei seiner Lehrerin entschuldigen.

sicher, dass James' Eltern noch zur Besinnung kommen → Statement (36) – Elstner fragt, wie James' Nachhilfe läuft – James berichtet davon (läuft sehr gut, seine Schüler lernen viel dazu) – Lehrerin Elstner sagt James, dass er den Fortschritt James' Nachhilfeschüler Jens in ihrem Unterricht schon deutlich spüren könne – James bedankt sich bei seiner Lehrerin mehrmals → Statement (37)		

F2.35 SCHULGEBÄUDE (AUßEN) (27:34-27:37)
P: /

/	/	*Einige Tage später holt Anton Schmitz seinen Sohn ...*

F2.36 SPORTPLATZ (27:37-29:46)
P: Anton Schmitz, Cheftrainer Werner

– Anton Schmitz betritt den Sportplatz – trifft dabei auf den Cheftrainer des Basketballvereins – Schmitz erzählt Werner von seinen Problemen mit James, der keine Lust auf eine Ausbildung hat und lieber ins Gymnasium will – der Trainer findet James' Zukunftspläne gut und findet, dass desto höher die Schulbildung sei, desto besser habe er es später → Statement (38) – Anton Schmitz ist irritiert und glaubt zunächst nicht, dass Werner es ernst meint – Werner appelliert an Schmitz, dass es die Aufgabe der Eltern sei, ihren Sohn zu fördern – Werner zieht eine Analogie zum Sport: wenn der Sohn in der Landesliga spielt und man bekommt ein Angebot aus der 1. oder 2. Liga, dann würde man ihn ja auch wechseln lassen – Schmitz meint, dass er selbst nur einen Hauptschulabschluss habe und das reiche ihm – Werner räumt ein, dass Abitur nicht unbedingt sein müsse, aber man müsse seinen Kindern vertrauen und sie das machen lassen, was sie wollen – Werner erzählt, dass es bei seinen Kindern ähnlich war: Sein ältester Sohn habe nach der 10. Klasse das Gymnasium verlassen und habe dann eine Lehrer als KFZ-Meister gemacht; seine Tochter habe sich als ihren Traum als Tierpflegerin verwirklicht und darauf sei er stolz – Schmitz räumt ein, dass Werner Recht haben könne → Statement (39) – Werner appeliert an Schmitz,	(38) Cheftrainer Werner – findet, dass James intelligent ist – fände es schade, wenn sein Vater James die Zukunft versaut – ist zuversichtlich, dass James das Abitur schafft (39) Anton – hält Werner für einen »vernünftigen« Mann und schätzt sein Urteil – denkt über seine Worte nach – räumt ein, dass James sein eigenes Leben habe (40) James – verwundert darüber, dass sein Vater ihn plötzlich vom Sporttraining abholt und so »kumpelhaft drauf« sei	*... James vom örtlichen Basketballverein ab, bei dem der Hauptschüler ehrenamtlich als Jugendcoach arbeitet. Dabei trifft der Familienvater zufällig auf den Cheftrainer des Clubs.*

142

seinem Sohn zu vertrauen und ihn »machen zu lassen«
- Schmitz sagt, er denke darüber nach
- die beiden verabschieden sich mit einem Handschlag
- in dem Moment kommt James mit seiner Sporttasche vom Trainingsplatz
- Anton Schmitz begrüßt ihn herzlich und meint, er wolle seinen Sohn von der Schule abholen, damit er nicht mit dem Bus fahren müsse
- James ist irritiert vom ungewohnten Verhalten seines Vaters
→ Statement (40)

F2,37 WEGWEISER, GEBÄUDE (29:46-29:49)
P: /

Eine Woche später wendet sich der 16-Jährige an ...

F2,38 IM BÜRO DER ARBEITSAGENTUR (29:49-31:32)
P: James, Fallmanager Fontän

- James sitzt im Büro eines Fallmanagers - James fragt, ob er Zuschüsse für Schulbücher und – unterlagen geltend machen könne - der Fallmanager antwortet, dass Schulbücher von der Regelung ausgenommen seien, aber er könne ihm ein Darlehen anbieten - fragt, ob seiner 15-jährigen-Schwester, die vor einem halben Jahr ein Kind bekommen hat, Geld zustehe - der Fallmanager schaut nach (geht zum Aktenschrank) - Fallmanager sucht die Akte der Familie heraus - stellt einen Fehler und damit eine Nachzahlung von etwa 500€ für seine Schwester fest → Statement (41) - Fallmanager wiederholt die Auskunft und entschuldigt sich bei James - James verabschiedet sich und verlässt das Büro → Statement (42)	(41) James - jetzt könne er seinen Eltern beweisen, dass er etwas in der Schule gelernt habe - hätte er sich die Unterlagen nicht angeschaut, hätten sie das Geld nicht bekommen - seine Eltern sollten sich lieber freuen (42) Fallmanager Fontän - froh, dass James bei ihm war, sodass der Fehler aufgefallen ist - man könne sehen, auch Ämter machten Fehler	*...die Arbeitsagentur, denn für ein Sozialkundereferat hat er die Bezüge vom Amt seiner Familie untersucht und ist dabei auf einige Ungereimtheiten gestoßen.*

F2,39 WOHNBLOCK (31:32-31:35)
P: /

Stolz und glücklich ...

F2,40 KÜCHE (WOHNUNGSFLUR) (31:35-33:21)
P: James, Sharona

- James schließt die Tür auf und durchquert den Wohnungsflur, während seine Mutter eine Begrüßung entgegen ruft - Sharona sagt, er sei spät dran und ob er noch Nachhilfe gegeben habe - James hilft seiner Mutter beim Tischdecken - Sharona berichtet James entsetzt vom Einkauf und berichtet vom Preis der Schlangengurke, der vor zwei Wochen noch bei 60cent lag und mittlerweile schon bei 90cent	(43) James - erstaunt, dass seine Mutter es plötzlich gut fände, wenn er aufs Gymnasium gehen könnte - stolz, dass er ihr zeigen konnte, dass die Schule »etwas bringe«	*... geht der Teenager nach Hause, wo seine Mutter bereits auf ihn wartet.*

– James erzählt die guten Nachrichten (150€ Kindergeld und die Nachzahlungen der vergangenen 6 Monate für Baby Luna) – Sharona kann es gar nicht glauben, freut sich – Sharon will wissen, woher James das weiß – James antwortet, er lerne das in der Schule – Sharona wundert sich darüber, dass soetwas in der Schule gerlent wird und stutzt und überlegt, ob James nicht doch Abitur machen solle – James freut sich und bedankt sich bei seiner Mutter – Sharona nimmt James in den Arm – Sharona schickt James, den Rest der Familie zum Essen zu holen (James verlässt den Raum) → Statement (43) – Sharona berichtet, dass James ihr davon erzählt habe, dass man einen Probetag auf dem Gymnasium machen könne – Sharona denkt sie könnte mit Anton darüber sprechen, denn es könne ja nicht schaden		

F2,41 FASSADE DES GYMNASIUMS (33:21-33:26)
P: /

/	/	Schon eine Woche später ist es soweit. Heute will der Zehntklässler seinen ersten…

F2,42 SCHULKORRIDOR/ BÜRORAUM (33:26-35:27)
P: Sharona, James, Sekretärin Birsch

– James und Sharona betreten die Schule und durchqueren einen Korridor – schließlich bleiben sie an einer Tür stehen und klopfen – Sharona betritt das Zimmer und erblickt eine Sekretärin Birsch – Sharona sagt der Frau, dass sie ihren Sohn James für einen Probetag am Gymnasium anmelden wolle – Birsch kommentiert das mürrisch mit der rhetorischen Nachfrage, ob ihr Sohn denn auch einen Nachnamen habe – als Sharona den Nachnamen sagt, erwidert Birsch, ob sie den Namen noch einmal deutlich wiederholen könne – Birsch hat nun den Namen verstanden und will wissen, von welcher Schule ihr Sohn komme – Sharona nennt den Namen der Schule – Birsch steht auf und will wissen, ob das nicht »diese Hauptschule« sei – Sharona ist irritiert und möchte wissen, was sie mit dieser Bemerkung meine – die Sekretärin meint, sie stelle es sich zu einfach vor,	(44) James – seine Mütter könne sich nie zurückhalten – auch er finde die Sekretärin nicht nett, aber das wäre kein Grund »so auszurasten« – schämt sich für seine Mutter (45) Sekretärin Birsch – empört über Sharona Schmitz – was sie sich dabei denke mit einem Hauptschüler aufs Gymnasium zu kommen und »so einen Aufstand« zu machen (46) Sharona – dachte, dass sich die Schule über jeden neuen Schüler freut – sie habe keine Vorurteile, aber die Arroganz, mit der sie behandelt wurde, sei typisch »Gymnasium«	…Probetag am Gymnasium absolvieren.Doch der Empfang an der neuen Schule ist alles andere als freundlich.

dass ihr Sohn einfach von der Hauptschule aufs Gymnasium wechseln könne		
– Sekretärin öffnet die Tür und geht, Sharona und James folgen ihr		
– Sharona ist empört und fährt Birsch an, dass ihr Sohn nicht zu dumm für das Gymnasium sei, nur weil er von »dieser Schule da« komme		
– Birsch will Sharona und James die Klassenräume zeigen und dann werde man am Probetag sehen, wie »schlau« ihr Sohn sei		
– Sharona ist wütend und meint, dass die Sekretärin nicht denken solle, sie sei »etwas Besseres« nur weil sie dort arbeite		
– die Sekretärin entgegnet, sie sei »bestimmt nichts Besseres«, woraufhin Sharona ihre Anschuldigung wiederholt		
– Sharona hält eine verärgerte Rede und meint, es reiche ihr jetzt, dass sie so unfreundlich behandelt werde		
– Sekretärin entgegnet, dass »die Einzigen, die sich hier für was Besseres halten« anscheinend sie selbst sei		
– Birsch glaubt nicht, dass James bei dieser Mutter eine Chance am Gymnasium habe → Statement (44)		
– Sharona droht bei noch weiterenn Äußerungen Birschs »richtig auszuflippen«		
– Birsch nimmt James am Arm und will ihn schon einmal hoch zu den Klassenräumen führen		
– Sharona schreit weiter wütend am Fuß der Treppe herum, während James und Birsch hoch zu den Klassenräumen gehen → Statement (45) und (46)		

F2,43 HOCHHÄUSER (35:27-35:31)
P: /

/	/	*Am Nachmittag erwartet James Besuch…*

F2,44 WOHNUNG (FLUR, JAMES ZIMMER, HOBBYRAUM) (35:31-37:05)
P: James, Gymnasiasten Stefan und Heiko

– James geht von seinem Zimmer durch den Korridor zur Haustür und öffnet die Tür	(47) Anton	*… der 16-Jährige Kölner hat zwei Schüler eingeladen, die er während seines Probetags auf dem Gymnasiums kennengelernt hat.*
– James bittet die beiden herein	– kann Stefan und Heiko nicht ausstehen	
– Anton Schmitz steht im Türrahmen und diffamiert sie als »intelligente Überflieger«	– sie hätten »nichts auf der Platte« und fühlten sich toll	
– Gymnasiasten fragen, ob das sein Vater sei und James bejaht	– sie seien »noch nicht einmal FC Fans«	
– James bittet seinen Vater, wieder Fernsehschauen zu gehen	– will nicht, dass sein Sohn so wie die Beiden wird	
– Anton fragt, wie die beiden hießen (Stefan und Heiko)	(48) James	
– Anton verspottet die Beiden	– findet seine Eltern »total peinlich«	
	– früher sei er stolz auf sie gewesen, jetzt nervten sie ihn	
	(49) Heiko	

<table>
<tr><td valign="top">

als »intelligent« und »neunmalklug«
- Anton geht voran und möchte den beiden etwas zeigen
- Anton Schmitz zeigt den Gymnasiasten stolz seine Fanecke des FC Kölns.
- Stefan und Heiko lachen und stimmen Anton zu, dass sie so etwas noch nicht gesehen hätten; sie selbst favorisierten eher Eishockey
→ Statement (47)
- Stefan und Heiko fragen James nach seinem Zimmer
- James geht voran, um ihnen sein Zimmer zu zeigen
→ Statement (48)
- Stefan und Heiko sehen James Babynichte Luna und fragen ihn erstaunt, ob er ein Baby habe
- James antwortet, dass es das Baby seiner Schwester sei
- um das Baby nicht zu stören, lädt James die Beiden noch auf eine Cola in der Küche ein
- Stefan und Heiko zögern und lehnen ab, weil sie noch Termine hätten
- James bringt die Beiden durch die Wohnung zu Tür
- Stefan und Heiko sagen verlegen, dass sie »es echt cool bei ihm fanden«
- Stefan und Heiko verlassen die Wohnung
→ Statement (49)

</td><td valign="top">

- habe sich den Besuch bei James »total anders« vorgestellt
- James sei ein netter Kerl, aber sein Vater habe »sie nicht mehr alle«
- wenn er so einen Vater hätte, würde er sich schämen

</td><td valign="top">

</td></tr>
</table>

F2,45.JAMES' ZIMMER (37:05-38:51)
P: James, Sharona, Anton

<table>
<tr><td valign="top">

Während off [1]
- James liegt in Gedanken versunken auf seinem Bett und wirft ein Kuscheltier hoch und fängt es auf
Ende off
- Sharona und Anton betreten das Zimmer
- Sharona meint James sehe »so fertig aus« und fragt ihn, was los sei
- James erzählt vom Heiko und Stefans Besuch in seinem Zimmer und dass sie sich gewundert hätten, warum das Baby dort sei und Anton sie »total peinlich« gewesen
- Anton fällt ihm ins Wort und will wissen, warum er »peinlich« gewesen sei; er hätte doch nur sehen wollen, »ob sie was auf dem Kasten hätten«
- James meint, er habe sie über die Beiden lustig gemacht und fand es nicht angebracht, dass Anton ihnen das FC-Fanzimmer gezeigt hat
- Anton begründet sein Verhalten damit, dass er herausfinden wollte, »was für Streber« das seien und könne nicht ahnen, dass sie vom Fußball »nichts peilen«

</td><td valign="top">

(50) James
- meint, seine Eltern verstünden nicht, dass er sich für sie so schäme
- zu dem Zeitpunkt habe er »aufgehört zu kämpfen« und er habe wegen seinen Eltern alles aufgeben wollen

(51) Sharona
- erleichtert, als James »endlich« begriffen habe, dass er auf dem Gymnasium »nichts zu suchen habe«
- das Überhebliche auf dem Gymnasium sei »so affig«

(52) Anton
- ist froh, dass James es jetzt eingesehen habe, eine Ausbildung zu machen und er ihn nicht mehr überzeugen müsse
- jetzt sei das Thema „endlich vom Tisch"

</td><td valign="top">

Nach dem missglückten Besuch der beiden Gymnasiasten ist der Hauptschüler am Boden zerstört, denn plötzlich hat er große Zweifel daran, dass er in die neue Schule hineinpasst.

</td></tr>
</table>

und Eishockey bevorzugen		
– James wiederholt, dass Anton sich lustig über die beiden gemacht habe und seine Mutter sich mit der Sekretärin angefeindet habe und nun sehe er seine Chancen aufs Gymnasium schwinden		
– Anton wiederholt erregt seine Position, dass er eine Ausbildung machen solle anstatt aufs Gymnasium zu gehen		
– Sharona unterstützt ihren Mann und meint, sie lasse sich nichts von einer »blöden Sekretärin doof anmachen«, ihren »Mund mache sie immer auf«, das würde immer so bleiben		
– James äußert sich zaghaft, dass seine Eltern vielleicht doch Recht haben könnten und das Gymnasium nichts für ihn sei		
→ Statement (50)		
– Sharona meint, James solle »einfach einer« von ihnen bleiben und dann habe er keine Probleme mehr		
– James stimmt zögernd zu, doch die Ausbildung zu machen		
– Anton freut sich und lobt seinen Sohn überschwänglich		
→ Statement (51) und (52)		

F2.46 FUßWEG (38:51-40:08)
P: James

– James geht auf dem Bürgersteig morgens in Richtung Schule (Ton: *off*)	(53) James – ihm sei es schwer gefallen, seiner Lehrerin zu erzählen, dass er jetzt doch nicht aufs Gymnasium gehe – niedergeschlagen und sieht keinen anderen Ausweg	*Am nächsten Morgen geht der 16-Jährige wieder zum regulären Unterricht in die Hauptschule. Auf den Weg dorthin trifft er seine Klassenlehrerin.*
– Lehrerin und James begrüßen sich beim Gehen		
– Elstner fragt James, wie sein Probetag im Gymnasium war		
– James erzählt, dass ihm die Sekretärin sehr unsympathisch war und die beiden neu kennengelernten Gymnasiasten Stefan und Heiko seien auch »komisch«		
– Elstner will wissen, wie ihm der Unterricht gefallen habe	(54) Lehrerin Elstner – bedauert, dass sich James so schnell entmutigen lässt – vermutet, dass James' Eltern ihm ständig einreden, nicht aufs Gymnasium zu gehen	
– James meint, dass der Unterricht ihm gut gefallen habe und er alles verstehe		
– Elstner muntert James auf, dass der Probetag gut war		
– James sagt, die Leute passsten nicht zu ihm und teilt seiner Lehrerin mit, dass er jetzt doch die Ausbildung mache		
→ Statement (53)		
– Elstner meint, dass sie seine Entscheidung akzeptieren muss, aber sie hofft, dass er seine Meinung noch ändert und sich dann an sie wendet		
– James bedankt sich		
→ Statement (54)		

F2.47 STRAßENZUG MIT BÜCHEREI (40:08-40:12)
P: /

/	/	Zwei Tage später ist James in der örtlichen Bibliothek,...

F2,48 LESESAAL DER BIBLIOTHEK (40:12-41:46)
P: James, Heiko, Stefan

– James sitzt am Tisch und liest (*Ton:off*) – Heiko und Stefan begrüßen James und fragen ihn erstaunt, was er dort mache – Heiko und Stefan meinen, sie müssten auch noch Physik lernen, da sie bald einen Test schrieben – Heiko und Stefan setzen sich zu James an den Tisch – James erzählt den Beiden, dass er seine Meinung geändert habe und nicht mehr aufs Gymnasium gehen wolle – Heiko ist erstaunt und will wissen wieso – James erklärt, dass ihm zwar der Unterricht gefalle, aber er ist der Meinung, dass er nicht zu den »Leuten da« passe – Stefan widerspricht James, dass er zu ihnen passe und ein »cooler Typ« sei – James äußert seine Verwunderung darüber, dass sie ihn mögen – Heiko entschuldigt sich dafür, dass sie bei ihm zuhause »komisch« gewesen seien → Statement (55) – Stefan meint, dass James gut in seine Klasse passe und deshalb könnten sie zusammen lernen – James ist einverstanden – James sagt, er finde es sehr interessant, was im Gymnasium im Physikunterricht gelernt wird – Heiko pflichtet ihm bei und erzählt, dass er später einmal Physiker werden will – James erzählt, dass er eigentlich Lehrer werde will – Heiko meint, dass James dafür aufs Gymnasium kommen müsse, um Abitur zu machen – James meint, er habe Lust Abitur zu machen, aber auch Angst – Stefan macht ihm Mut → Statement (56)	**(55) Heiko** – tut sein Verhalten in der Wohnung der Familie Schmitz leid – er möge James sehr gerne – James könne nichts für seine »komische Familie« **(56) James** – habe beim Besuch von Stefan und Heiko etwas falsch verstanden – eigentlich seien die Beiden in Ordnung – seine Lehrerin habe Recht, dass die auf dem Gymnasium »total normal« seien	...um einige Physikbücher für seinen Nachhilfeunterricht zu suchen. Dabei ist der Zehntklässler dermaßen vertieft, dass er nicht bemerkt wie seine Mitschüler vom Gymnasium ebenfalls den Lesesaal betreten

F2,49 VOR DEM GERICHTSGEBÄUDE (41:46-42:44)
P: Anton, Sharona und James

– James, Sharona und Anton unterhalten sich vor der Gerichtsgebäude (*Ton: off*) – Sharona ungeduldig und nervös, will wissen, warum sie vorgeladen wurden – Anton spekuliert, ob es wegen dem Hartz-IV, dem Kindergeld oder dem Gymnasium sein könnte und wird wütend – James erklärt, dass er es nicht wisse und dass Lehrerin Elstner nur erwähnt habe,	**(57) Sharona** – habe sich schon lange nicht mehr so blöd gefühlt, weil sie gar nicht wisse, warum sie vom Jugendamt einbestellt wurde – sie dachte, James solle ihr weggenommen werden, aber das hätte sie nicht zugelassen **(58) James** – ahnungslos, warum seine Eltern zum Jugendamt	Anton und Sharona Schmitz haben heute gemeinsam mit ihrem Sohn James einen Termin beim Jugendamt. Die Aufregung ist groß, denn das Ehepaar wurde erst am Vormittag von der Behörde angerufen und ohne Angabe von Gründen für denselben Tag einbestellt.

alles dafür zu tun, um James zu helfen – Anton hat die Diskussion übers Gymnasium »bis zum Erbrechen satt« →Statement (57) und (58)	müssen – fühlt sich unwohl, wie ein »Verräter«, weil seine Eltern ihn verdächtigen, sie dort gemeldet zu haben	

F2.50 GERICHTSGEBÄUDE (AUßEN) (42:44-42:47)
P: /

/	/	Zehn Minuten später sitzt der Hauptschüler…

F2.51 BÜROZIMMER (42:47-44:45)
P: James, Anton, Sharona, Jugendamtsmitarbeiterin Wülfing

– James, Anton, Sharona sitzen am Tisch mit der Jugendamtsmitarbeiterin und unterhalten sich (*Ton:off*) – Anton Schmitz geht die Mitarbeiterin Wülfing an und fragt sie, was sie denn hier sollten – Wülfing sagt, sie habe von dem Fall erfahren und wolle gemeinsam mit ihnen darüber sprechen – Wülfing referiert das Problem (James wolle aufs Gymnasium und habe die Qualifikation dafür, dürfe aber nicht) – Wülfing erzählt, dass James' Lehrerin Elstner sie kontaktiert habe, um mit James' Eltern noch einmal ins Gespräch zu kommen – Wülfing meint, Sharona und Anton Schmitz verbauten ihrem Sohn die Zukunft – Sharona wendet sich an ihren Mann Anton und gibt zu bedenken, dass Frau Wülfing vielleicht doch Recht haben könnte – Anton antwortet barsch, wer das denn bezahlen solle – Wülfing wirft ein, dass es für die Finanzierung sicherlich eine Lösung gäbe – Anton ist irritiert und will wissen, was Wülfing meine – Wülfing erklärt, es gebe mehrere staatliche Förderungsmöglichkeiten bzw. Stipendien, was aber vorab geprüft werden müsse – Wülfing könne ihnen aber versichern, dass sie sich wegen den Kosten »überhaupt keine Sorgen« machen müssten – Sharona wendet sich ihrem Mann zu und sagt, damit wäre das »Thema Geld vom Tisch« und sie könnten ihren Sohn aufs Gymnasium schicken – Anton räumt ein, dass er in letzter Zeit stur gewesen sei und James ein guter Schüler sei – Anton sagt, er sei einverstanden, dass James aufs Gymnasium gehe – James ist verwundert und kann es kaum glauben →Statement (59)	(59) Anton – wenn der Staat die Schule nicht bezahlen würde, dann hätte Anton es seinem Sohn nie erlaubt – es sei okay für ihn, auch wenn es ihm lieber gewesen wäre, wenn James eine Ausbildung machen würde (60) Melanie Wülfing – erzählt, dass Lehrerin Elstner das Jugendamt als beratende Instanz hinzugezogen habe – ist zufrieden mit dem Ergebnis – ist der Überzeugung, dass James jetzt den Zukunftsweg einschlagen kann, den er selbst möchte (61) James – ist glücklich, dass sie beim Jugendamt waren und er jetzt endlich aufs Gymnasium gehen kann – mit einer »normalen Ausbildung« wäre er nie zufrieden gewesen	…mit seinen Eltern im Büro der Jugendamtsmitarbeiterin, die den kurzfristigen Termin einberufen hat.

<table>
<tr><td>

– James freut sich und fragt, ob das versprochen sei
– Anton stimmt zu und ermahnt ihn, »es durchzuziehen und nicht in die Binsen zu hauen«
→ Statement (60) und (61)

</td><td></td><td></td></tr>
</table>

F2,52 STRAßENZUG MIT IMBISSBUDE (44:45–44:50)
P: /

/	/	Drei Monate später ist der Schulwechsel vollzogen...

F2,53 VOR DER IMBISSBUDE (44:50–45:20)
P: Sharona, Tina, Luna, James und Anton

– Sharona, Tina mit Baby Luna, James und Anton gehen zusammen die Straße entlang und unterhalten sich fröhlich (*Ton: off*) – James sagt, es passe gut, dass sie gerade an einer »Pommes-Bude« seien, denn er habe in der Schule etwas über die Kartoffel erfahren – Anton sagt, er finde es super, dass James etwas gelernt habe und klopft ihm auf den Rücken – Anton geht in Richtung Eingang der Imbissbude (»Komm, Pommes!«), die anderen folgen → Statement (62) und (63)	(62) James – erzählt, dass es super auf dem Gymnasium laufe – natürlich müsse er sich in manche Dinge einarbeiten, aber zum Glück sei er auf dem Gymnasium und seine Eltern hätten ihn nicht zu einer Ausbildung gezwungen (63) Sharona – froh, dass alle wieder »normal« miteinander reden – James lachen zu sehen, mache sie glücklich	*...James hat sich auf dem Gymnasium sehr gut eingelebt und auch seine Familie steht nun voll und ganz hinter ihm.*

F2,54 IN DER IMBISSBUDE AM TISCH (45:20–45:36)
P: s.o.

– Familie Schmitz lachend und glücklich am Tisch in der Imbissbude (*Ton: off*)	/	*Dank der Hilfe seiner Klassenlehrerin hat James sein großes Ziel erreicht. Doch der 16-Jährige ist noch nicht am Ende seiner Träume, denn nun will er ein gutes Abitur machen, damit er später, wie gewünscht, als Lehrer arbeiten kann.*

Anhang A3: Audiospektren Familie Schmitz, Elstner, Fontän

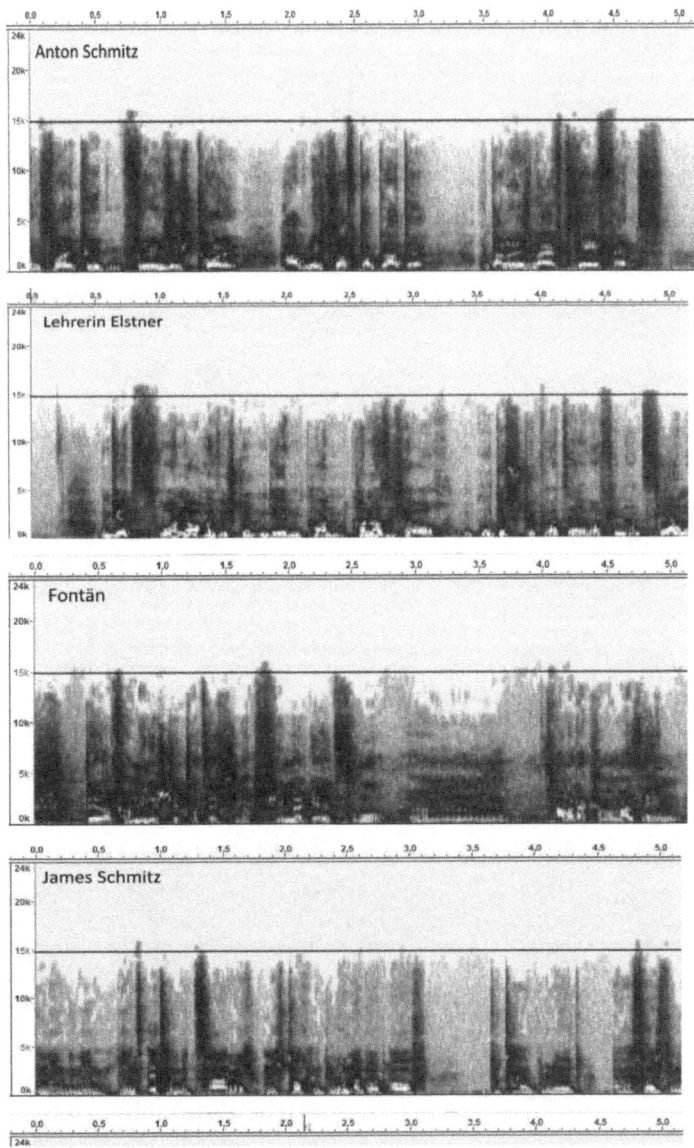

Anhang A4: Audiospektren Familie Schmitz, Elstner, Fontän

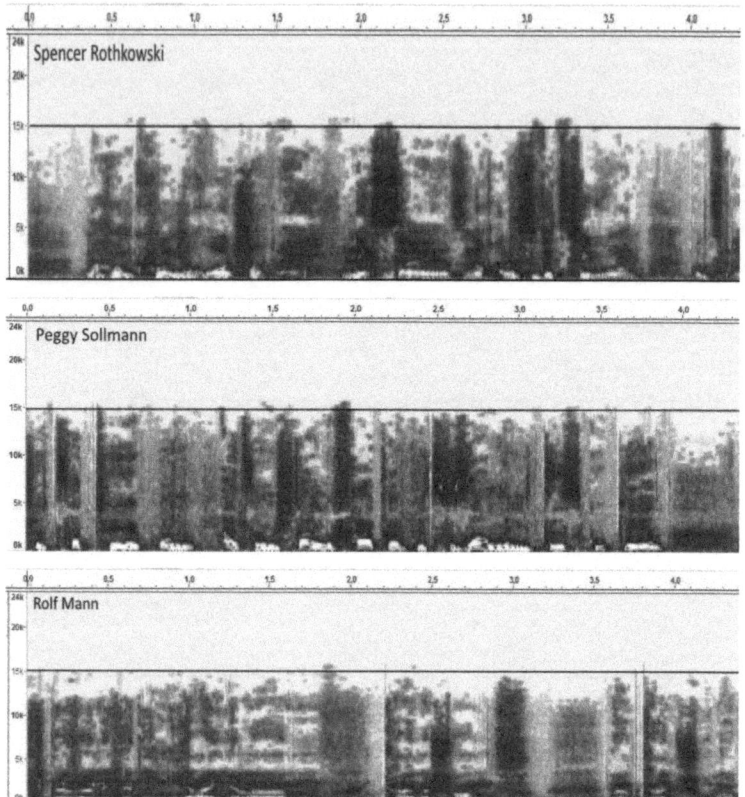

Anhang A5: Zusammenfassung der Spektrenanalyse

Personen	Tempo	Lautstärke	Melodik
Anton Schmitz	langsam	hoch	mittel
Bettina Elstner	schnell	mittel	schwach
Peter Fontän	schnell	mittel	schwach
James Schmitz	schnell	gering	schwach
Sharona Schmitz	langsam	hoch	mittel
Spencer Rotkowski	langsam	hoch	stark
Peggy Sollmann	mittel	laut	mittel
Rolf Mann	langsam	mittel	schwach
Pamela Holler	langsam	hoch	stark
Nicole Nickisch	schnell	gering	schwach

Anhang A6: Haarmoden-Protokoll

	Frauen	
Familie	Sharona Schmitz	Braun, mittellang, Pony, hinten hoch toupiert, fettig
	Tina Schmitz	Mittellang, blonde Strähnen, ohne Pony
	Peggy Sollmann	Blondiert mit dunklem Ansatz, mittellang, Pony, Seitenscheitel
	Jutta Rotkowski	Blondiert mit dunklem Ansatz, mittellang, Pony
	Waltraud Rotkowski	Blondiert mit Ansatz, kurz, Pony, Mittelscheitel
	Pamela Holler	Schwarz gefärbte Haare, Vollpony, mittellang
Außenstehend	Bettina Elstner	Blondes/blondiertes Haar ohne Ansatz, lang, gelockt, Seitsträhnen zusammengerafft, Dutt
	Janina Birsch	Blonde Strähnchen, kurz
	Melanie Wülfing	Blondiert ohne Ansatz, gelockt, mittellang
	Angela Ölsen	Mittellang, ergraut, Pony
	Nicole Nickisch	Blondiertes Haar ohne Ansatz, lang, zusammengebunden
	Polizistin	Lang, blonde Strähnen, zusammengebunden

	Männer	
Familie	James Schmitz	Seite kurz, oben länger, dunkelblond, vorne hochgestellt, kein Bart
	Jens Nannen	Sehr kurz, dunkelblond, kein Bart
	Anton Schmitz	Kurz, vorne lange Strähne, braun, Oberlippenbart
	Lutz Rotkowski	Kurz, dunkelblond, Drei-Tage-Bart
	Spencer Rotkowski	Sehr kurz, getrimmt, dunkelblond, Kinnstreifen
	Stefano Donna	kurz, schwarz, zu Kamm gegelt, Koteletten
Außenstehend	Jan Breuer	Kurz, oben gegelt, Oberlippenbart
	Heinz Werner	Kurz, gleichlang, dunkelblond, keinen Bart
	Peter Fontän	Mittelkurz, hochgegelt, grau, Van-Dyke-Bart
	Heiko Hilmer	Mittelkurz, Seitenscheitel, gegelt, keinen Bart
	Stefan	Mittelkurz, vorne hochgestylt, keinen Bart
	Rolf Mann	Kurz, hochgegelt, schwarz, keinen Bart
	Zander Strack	Kurz, braun, Drei-Tage-Bart
	Hans-Jörg Ehrenstein	Kurz, weiß, oben länger, hochgestylt, Oberlippenbart
	Peter Blank (2mal)	Sehr kurz, große Geheimratsecken, dunkelblond, keinen Bart/leichte Koteletten

Anhang A7: Protokoll Körperbau und -form

Körperbau	klein	Waltraud Rotkowski, Tina Schmitz, Stefano Donna	Janina Birsch
	mittelgroß	Peggy Sollmann, James Schmitz, Lutz Rotkowski	Bettina Elstner, Peter Fontän, Hans-Jörg Ehrenstein, Zander Strack, Stefan, Angela Ölsen, Peter Blank, Jan Breuer, Heinz Werner
	groß	Pamela Holler, Jens Nannen, Jutta Rotkowski, Spencer Rotkowski, Anton Schmitz	Nicole Nickisch, Polizistin Heiko Hilmer, Rolf Mann
	sehr groß		
Körperform	*nicht erkennbar*		Melanie Wülfing
	zierlich, dünn	Peggy Sollmann, Waltraud Rotkowski, Pamela Holler,	Nicole Nickisch, Bettina Elstner, Stefan
	schlank	James Schmitz, Jens Nannen,	Polizistin, Heiko Hilmer
	mittel	Jutta Rotkowski, Tina Schmitz	Peter Fontän, Hans-Jörg Ehrenstein
	muskulös	Spencer Rotkowski	Zander Strack
	kräftig	Lutz Rotkowski, Stefano Donna, Anton Schmitz	Jan Breuer, Heinz Werner, Rolf Mann, Peter Blank, Angela Ölsen, Janina Birsch, Melanie Wülfing

Anhang A8: Zusammenfassung der Gesten

		Kopf	Rumpf	Arm
erklärend	A. Schmitz	fixierend	angriffsbereit	hinweisend
	S. Donna	selbstbewusst	ruhig	profilierend
	W.Rotkowski	gönnerhaft	entspannt	unterbindend
	S. Schmitz	desinteressiert	passiv	passiv
	P. Blank	aufmerksam	ruhig	Ordnung herstellend
	N. Nickisch	besorgt	angespannt	Hinweisend
wütend	S.Rotkowski	unsicher	überlegen/ aggressiv	aggressiv
	J. Schmitz	aufmerksam	ruhig	zurückweisend
	S. Schmitz	aggressiv	angespannt	drohend
	P. Holler	abschätzig	einschüchternd	empört
	H. Ehrenstein	verächtlich/ distanzierend	angespannt	verächtlich
	J. Birsch	aufmerksam	ruhig	anbietend/ fordernd
konfrontativ	S.Rotkowski	unnachgiebig	angriffsbereit	aggressiv/ abschätzig
	A. Schmitz	fixierend/ aggressiv	einschüchternd	drohend
	S.Schmitz	fixierend/ geringschätzend	angespannt	hinweisend
	W.Rotkowski	fixierend/ aggressiv	angespannt	aggressiv/ stoßend
	R. Mann	Durchsetzungs-willig	ruhig	souverän
	B. Elstner	überlegen	vertrauensvoll	enttäuscht

■ Angriffsstrategie   ■ Überhebungsstrategie

Danksagung

Mein Dank gilt an erster Stelle Christian Baron für seine wundervolle Unterstützung und Ermutigung, ohne welche dieses Buch nicht hätte entstehen
können. An dieser Stelle seien meine Freund_innen mit herzlichem Dank
bedacht. Im Besonderen möchte ich Alexandra Hees für die Terassensessions
als konstruktive Hilfe beim Gedankenordnen und Sebastian Friedrich für seine
Unermüdlichkeit, mich in dem Vorhaben zu bestärken, bedanken. Unbedingt
genannt werden sollen hier auch Jano Herrmann und Katja Fragemann, die
meine Gedankenwuselei immer so geduldig ertragen und mich mit neuen
Perspektiven inspiriert haben. Danke auch an die gesamte BA/Erfurt sowie
Ikenna Dungwa Egwu, Diana Borowski, Sara Reith und Christini Lokk, die
mir lange Abende und Nachmittage so wunderbar kurzweilig und erfrischend
machten. Auch ohne die kritischen Diskussionen und Leidensgenossenschaft
mit Hanna Schulte, Mathias Halbauer und Jenny Killian wäre die Zeit weder
so schön noch produktiv gewesen. Ich danke auch Gabi, Maite, Earnie und
Coffee Steinwachs sowie Mashka Lapshina und Resi Piekarski für ihr ehrliches
Interesse und die großartige familiäre Unterstützung.

Im Rahmen der Masterarbeit, aus welcher dieses Buch hervorgegangen ist,
möchte ich mich herzlich bei Frau Dr. Stefanie Graefe bedanken, die mir als
Erstbetreuerin in einem konstruktiven Dialog beiseite stand und mir die Frei-
heit gab, mich der Materie kreativ zu nähern. Auch Dr. Florian Butollo danke
ich für seine inhaltlichen Anmerkungen, die mir in der Konzeption der Arbeit
sehr weitergeholfen haben. Dass aus der Arbeit ein Buch wurde, verdanke ich
Willi Bischof.

Berlin, im September 2015   Britta Steinwachs

Christian Baron & Britta Steinwachs

Faul, Frech, Dreist

*Die Diskriminierung von Erwerbslosigkeit
durch BILD-Leser*innen*

128 Seiten, 14.80 EUR

ISBN 978-3-942885-18-8

Melinda Cooper, Catherine Waldby,
Felicita Reuschling, Susanne Schultz

Sie nennen es Leben, wir nennen es Arbeit
*Biotechnologie, Reproduktion und Familie im
21. Jahrhundert*

queerfeministische interventionen Band 3

152 Seiten, 9.80 Euro

ISBN 978-3-942885-34-8

Silvia Federici

Aufstand aus der Küche

*Reproduktionsarbeit im
globalen Kapitalismus und
die unvollendete feministische Revolution*

288 Seiten, 19,80 Euro

ISBN 978-3-942885-40-9

Demnächst bei edition assemblage:

Torsten Bewernitz

Nothing in common?

Differenzen um die Klasse

ISBN 978-3-942885-84-3

*Die hier vorgestellten Titel der edition
assemblage sind in Ihrer Buchhandlung
erhältlich oder können direkt beim Verlag
bestellt werden:*

www.edition-assemblage.de